智能网联汽车研究与开发丛书

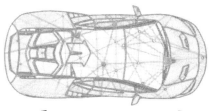

自动驾驶系统产品开发与项目管理实践

孔瑞东 ◎ 著

机械工业出版社

近年来自动驾驶技术发展迅速，成为行业竞相追逐的热点。伴随着智能汽车的逐渐普及，自动驾驶辅助功能搭载率提升，媒体争相报道，其影响力越来越大，甚至成为新时代智能汽车产品竞争的胜负手。国内车企在自动驾驶领域竞争中强势出位，直接改变了世界竞争格局，原来的德系、美系、日系三大巨头领先局面已经改写，尤其在智能领域，出现了国产车领先的局面。

本书从产品设计逻辑、系统技术方案、关联方约束和管理、整体开发节奏和重点、公司经营和客户体验等多个维度来整体看待自动驾驶车型开发，站在科技创业公司的角度审视整个自动驾驶业务开发过程。在这里可以学习到如何开发出一款高级别自动驾驶辅助功能的车型，最终的落脚点是为客户提供一款具备极致自动驾驶体验的车辆，使其在技术和体验层面，成为行业的双重标杆。

本书适用于自动驾驶开发团队成员，如项目经理、产品经理、系统工程师、软硬件工程师、测试工程师等，以及需要了解开发流程、项目规划、风险管理等方面实际操作的高级管理人员。另外，汽车行业上下游的从业者、高等院校和科研机构的学术研究者、媒体行业从业者等也可以通过本书了解自动驾驶系统的产品开发和项目运作方式，更加深刻地理解当前的产品现状和技术发展趋势。

图书在版编目（CIP）数据

自动驾驶系统产品开发与项目管理实践 / 孔瑞东著. --北京：机械工业出版社，2025.1. --（智能网联汽车研究与开发丛书）. -- ISBN 978-7-111-77905-6

Ⅰ. U463.61

中国国家版本馆CIP数据核字第2025F3B780号

机械工业出版社（北京市百万庄大街22号　邮政编码100037）
策划编辑：王兴宇　　　　　　责任编辑：王兴宇　徐　霆
责任校对：王荣庆　张亚楠　　责任印制：郜　敏
三河市航远印刷有限公司印刷
2025年4月第1版第1次印刷
186mm×240mm・12印张・185千字
标准书号：ISBN 978-7-111-77905-6
定价：99.80元

电话服务　　　　　　　　　　网络服务
客服电话：010-88361066　　　机 工 官 网：www.cmpbook.com
　　　　　010-88379833　　　机 工 官 博：weibo.com/cmp1952
　　　　　010-68326294　　　金 书 网：www.golden-book.com
封底无防伪标均为盗版　　机工教育服务网：www.cmpedu.com

PREFACE
前　言

无论是行业老手,还是新加入的从业者,都需要一本自动驾驶开发实战的指导书,帮助他们不断地总结、实践,再总结,再实践;目前市场上这类基于实践的方法论思考总结书籍寥寥无几,本人有幸见证自动驾驶的蓬勃发展过程,积累了一些经验,希望能够把一线战斗的经验梳理总结出来,给大家提供一些启发。

本书深入浅出,将理论和实践结合,着重于阐述基本技术原理和实操方法论,避免晦涩难懂的复杂公式,而是从理解技术的角度,建立系统的技术思考逻辑框架,目的是授人以渔;同时还会从管理层面总结实操经验和避坑指南,常读常新;从硬件、软件、关联系统、开发管理、行业参与者等多个方面剖析自动驾驶业务,可以让不同需求的读者获取到想要的以及全面的信息。

本书结构清晰,易于理解,实用性强,具体表现为以下几个方面:

1) 技术深度与实践结合:提供深入的技术细节,同时结合实际案例和实践经验,使读者能够直观理解理论知识的应用;通过具体的技术示例,帮助读者理解自动驾驶车型开发中涉及的感知、决策、控制等关键技术。

2) 全面覆盖开发生命周期:内容涉及整个开发的全价值链过程,覆盖产品定义、功能设计、方案设计、项目规划、开发测试迭代、软件部署和维护等全生命周期;强调不同阶段的关键任务和最佳实践,使读者能够在每个阶段做出明智的决策。

3) 管理与技术的紧密结合:将技术和管理两方面紧密结合,使读者能够全面理解和应对自动驾驶车型开发项目的挑战;在讲述管理的章节中强调项目管理、团队协作、风险管理等关键管理实践。

4）兼具实用性和操作性：提供实用的工具、技巧和方法，使读者能够将书中的知识应用到实际项目中；描述常见问题的解决方案，为读者提供可操作的指导，减少实践中可能遇到的困难；引入真实的案例研究和项目实例，通过实际经验分享帮助读者更好地理解和应用知识；深入分析成功和失败案例，以提取宝贵的经验教训，帮助读者避坑和解决常见的问题。

为了方便阅读，本书使用清晰的逻辑结构，确保章节之间的衔接和阅读流畅性。本书采用层次分明的章节划分，使读者能够迅速找到所需信息；通过分层次阐述，将知识层层递进，从基础概念逐渐深入，满足不同读者的学习需求；在每一层次上提供足够的细节，以满足技术专业人员和初学者的需求。通过具体的实际案例和应用场景，展示理论知识的实际应用，并分析成功案例的关键因素，以及在面对挑战时的解决方案。本书在每一章的开始提供概要，概括本章要点，引导读者对内容有整体认识；在每一章的末尾提供总结，强调重要观点和学到的关键知识。

本书从产品设计逻辑、系统技术方案、关联方约束和管理、整体开发节奏和重点、公司经营和客户体验等多个维度，来整体看待自动驾驶车型开发，站在科技创业公司的角度总结整个自动驾驶业务开发过程。通过阅读本书，读者可以学习到如何开发出一款高级别自动驾驶辅助功能的车型。本书最终的落脚点是为客户提供一款极致自动驾驶体验的车辆，使其在技术和体验层面，成为行业的双重标杆。

目 录

前言
第1章 自动驾驶概述 ··· 1
   1.1 自动驾驶发展历程 ·· 1
      1.1.1 自动驾驶的定义 ·· 1
      1.1.2 自动驾驶发展的关键节点 ·· 3
      1.1.3 自动驾驶的重要意义 ·· 7
   1.2 右手艺术：用户体验是根本出发点和落脚点 ··· 8
      1.2.1 产品设计四部曲 ·· 9
      1.2.2 产品经理的核心工作概述 ·· 10
      1.2.3 产品经理的思考逻辑 ·· 13
   1.3 左手工程：技术和成本把艺术拉回现实 ·· 16
   1.4 落地的核心是平衡三角矛盾 ··· 17
      1.4.1 不可兼得的三角矛盾 ·· 17
      1.4.2 从营销打法确定研发资源布局策略 ·· 18
第2章 自动驾驶专业基础知识 ·· 20
   2.1 自动驾驶架构和控制器设计 ··· 20
      2.1.1 架构设计的核心思想 ·· 21
      2.1.2 车端硬件组成和拓扑 ·· 22
      2.1.3 自动驾驶架构设计的核心内容 ·· 25

2.2 系统方案设计 ··· 27
2.2.1 系统设计三要素：输入、系统、输出 ··············· 27
2.2.2 系统开发的关联件 ····································· 30
2.2.3 功能握手逻辑和性能体验打磨 ······················ 34
2.3 零部件设计 ·· 35
2.3.1 传感器信号的频域分布 ································ 35
2.3.2 各种传感器的基本原理 ································ 36
2.3.3 各种传感器的优劣势 ··································· 50
2.4 软件开发核心技术 ··· 52
2.4.1 感知和融合算法 ·· 54
2.4.2 控制决策和路径规划 ··································· 57
2.4.3 运动控制算法 ··· 59
2.4.4 大模型和大数据 ·· 62
2.5 测试验证 ·· 64
2.5.1 三种业务类型 ··· 65
2.5.2 四种基本手段 ··· 68

第3章 自动驾驶是复杂系统工程 ··································· 71
3.1 系统工程和项目管理 ·· 71
3.1.1 什么是系统工程 ·· 71
3.1.2 系统工程和项目管理的关系 ·························· 73
3.2 系统工程方法论 ·· 74
3.2.1 究极拆解能力 ··· 74
3.2.2 溯本回源能力 ··· 77
3.2.3 敏锐直觉能力 ··· 80
3.2.4 切换视角能力 ··· 83
3.3 项目管理角色认知 ··· 86
3.3.1 项目管理角色介绍 ······································· 86

目　录

   3.3.2　项目管理具体工作内容 ·· 90
   3.3.3　项目管理角色成长路径 ·· 94
  3.4　自动驾驶系统开发的一般过程 ·· 98
   3.4.1　开发过程的六个阶段 ··· 98
   3.4.2　车型交付的四部曲 ··· 99

第4章　自动驾驶系统集成实操·································· 102

  4.1　需求管理 ··· 103
   4.1.1　需求定义的核心要点 ··· 103
   4.1.2　需求管理的思路 ··· 106
  4.2　技术方案管理 ·· 110
   4.2.1　技术方案管理的四个维度 ··· 110
   4.2.2　技术方案管理的核心能力 ··· 112
  4.3　开发任务管理 ·· 116
   4.3.1　开发任务管理思路 ··· 116
   4.3.2　开发任务管理案例 ··· 118
  4.4　软硬件单元开发管理 ··· 119
   4.4.1　软硬件单元开发管理思路 ··· 119
   4.4.2　软硬件单元开发管理案例 ··· 122
  4.5　测试与缺陷管理 ·· 124
   4.5.1　测试与缺陷管理思路 ··· 124
   4.5.2　测试的核心能力是用例设计 ······································· 126

第5章　多项目打法和经验总结···································· 129

  5.1　战略上坚持平台化原则 ··· 129
   5.1.1　研发设计的平台化策略 ··· 129
   5.1.2　项目量产交付的套餐组合 ··· 133
  5.2　战术上以项目集合方式运作 ·· 134
   5.2.1　车型研发策略演进 ··· 134

5.2.2 项目集合管理思路 ·········· 136
 5.3 战斗上的取胜之道 ·········· 137
   5.3.1 十六字诀背后的三大核心思维 ·········· 137
   5.3.2 项目打法的实战指引 ·········· 140
 5.4 全价值链协同开发 ·········· 142

第6章 开发案例分析 ·········· 144
 6.1 特斯拉FSD ·········· 144
   6.1.1 三个开发阶段 ·········· 144
   6.1.2 四大核心技术 ·········· 148
 6.2 小鹏XNGP ·········· 155
   6.2.1 发展历程 ·········· 155
   6.2.2 高速领航辅助驾驶的成功因素 ·········· 157
   6.2.3 行业卷王 ·········· 159
   6.2.4 三大核心技术 ·········· 161
 6.3 华为ADS ·········· 165
   6.3.1 三种合作模式 ·········· 166
   6.3.2 技术和营销双管齐下 ·········· 170
   6.3.3 自动驾驶核心技术 ·········· 171

第7章 自动驾驶行业竞争格局 ·········· 173
 7.1 自动驾驶行业的竞争现状 ·········· 173
 7.2 自动驾驶竞争焦点与差异化策略 ·········· 175
 7.3 自动驾驶行业的未来发展趋势 ·········· 178

附录 自动驾驶技术常用缩写词 ·········· 182
参考文献 ·········· 184

第 1 章　自动驾驶概述

如果说汽车制造业是现代工业的皇冠，那自动驾驶技术就是皇冠上那颗最耀眼的明珠。

在智能化时代，自动驾驶作为人工智能的典型应用代表了未来汽车的发展方向，无论是在提高通行效率、主动减少事故上，还是在驾驶便利性上，都极大地改变了人们的驾驶方式和出行体验，将人类驾驶员从繁重的驾驶任务中逐渐解放出来，在未来的市场需求空间和技术发展趋势上具有较大的想象空间。因此，自动驾驶这个赛道也成为欧洲、美国、日本、中国等地的汽车制造企业技术竞技的舞台，从芯片半导体、硬件集成开发、底层软件和操作系统、上层应用功能等各个方面展开了广泛的合作和竞争。本章重点介绍自动驾驶的发展历程、工程和艺术的结合逻辑，以及车型开发落地的主要矛盾。

1.1　自动驾驶发展历程

自动驾驶相对人类驾驶员驾驶，核心差异在于自动驾驶车辆可以由系统监控环境和控制车辆，自主实现转向、加速、减速、换挡等操作，辅助或者代替人类驾驶员实现从 A 点到 B 点的驾驶任务。下面从自动驾驶的定义、行业分级、发展历史、重要价值和意义几个方面分别论述。

1.1.1　自动驾驶的定义

根据美国国家公路交通安全管理局（NHTSA）的定义，自动驾驶是指车辆在不需要人类操作的情况下，能够在特定的条件下进行完全自主的行驶，包括路线规划、速度控制、避开障碍物和遵守交通规则等。在 SAE J3016 标准中，根据驾驶员的参与程度，从辅助驾驶功能到完全自动驾驶，将自动驾驶技术划分为六个等级，即 L0~L5。

L0 表示系统无自动化能力（No Automation）：驾驶任务完全由人类驾驶员控制，车辆不提供任何自动化辅助功能。

L1 代表具有驾驶员辅助能力（Driver Assistance）：车辆可以执行某些特定的驾驶任务，例如巡航控制或车道保持辅助。然而，驾驶员需要始终保持警觉并担负着整体的驾驶责任。这个级别的系统不能同时控制车辆的加速和转向。

L2 表示系统具有部分自动化（Partial Automation）能力：车辆可以在特定的情况下同时控制加速、转向和制动，例如在高速公路上的自适应巡航控制和车道保持辅助。然而，驾驶员仍然需要保持对驾驶的监控，并在需要时接管控制。

L3 表示系统有限自动化（Conditional Automation）能力：车辆能够在特定的情况下完全自主地执行驾驶任务，例如在高速公路上行驶。但是，驾驶员仍然需要在系统发出警告时准备接管控制，并且在一定时间内可以成功地做出反应。

L4 表示系统高度自动化（High Automation）能力：车辆可以在大多数情况下完全自主地执行驾驶任务，而驾驶员只需在极少数的情况下介入。这种介入通常是由于极端天气或特殊道路条件等情况导致的。

L5 表示系统完全自动化（Full Automation）能力：车辆能够在所有情况下完全自主地执行驾驶任务，不需要任何人类干预。驾驶员可以完全放松，车辆能够应对各种道路和交通情况，包括复杂的城市环境和恶劣的天气条件。

为了更直观地呈现不同级别的差异，以下从系统能力、对驾驶员要求、是否需要冗余、功能运行范围以及典型功能几个维度做对比分析，详情见表 1-1。

目前我们仍处于辅助驾驶阶段往自动化阶段发展的突破期，已量产的高速领航驾驶和城市领航驾驶在体验层面已经基本达到 L3/L4 的能力，主要限制因素并非技术本身，而是开发成本、市场接受度以及相关法律法规的完善度。根据当前的发展趋势，预计 2026 年起将批量出现 L3/L4 的量产产品。

表 1-1 自动驾驶等级分类

类别	L0 无自动驾驶	L1 驾驶员辅助	L2 部分自动化	L3 条件自动驾驶	L4 高级别自动驾驶	L5 完全自动驾驶
系统能力	系统可预警	系统支持横或纵向干预	系统支持横和纵向干预	系统可监控环境	系统可处理降级	系统无须监控和接管
横纵向控制	驾驶员	驾驶员和系统	驾驶员和系统	系统	系统	系统
环境监控	驾驶员	驾驶员	驾驶员	系统	系统	系统
降级处理	驾驶员	驾驶员	驾驶员	驾驶员	系统	系统
脱手	不支持	不支持	有条件支持	有条件支持	支持	支持
脱眼	不支持	不支持	不支持	有条件支持	支持	支持
脱脑（mind off）	不支持	不支持	不支持	不支持	范围内支持	支持
冗余设计	不需要	不需要	不需要	需要	需要	需要
设计运行范围	有限制	有限制	有限制	有限制	有限制	无限制
对应功能	前向碰撞预警 车道偏离预警 盲区警告	自动紧急制动 自适应巡航 车道偏离纠正	泊车辅助 低速跟车辅助 高速辅助驾驶 自动变道辅助	代客泊车 交通拥堵驾驶 高速公路驾驶	代客泊车 交通拥堵自动驾驶 高速公路自动驾驶	代客泊车 交通拥堵自动驾驶 高速公路自动驾驶

1.1.2 自动驾驶发展的关键节点

人类对于自动驾驶的探索，最早可追溯到 1925 年，已有百年历史。

1925 年，一辆"无人驾驶车"跑在纽约的繁华街区，车辆自己可以加速、变道、制动，甚至是开车灯、按喇叭，周边的群众无不惊叹：竟然可以自动驾驶，真是个奇迹啊！原来这是由一家无线电控制公司（Houdina）研发的"无人驾驶车"，代号就是"美国奇迹"（American Wonder），该车通过无线电信号控制进行加减速和变道，而发送指令者就在紧紧跟随着它的另一台车上。也许从这一刻起，人类就开始了自动驾驶的百年逐梦之旅。

1939年4月，纽约世界博览会展出了"未来世界（Futurama）"的模拟城市展厅，通用汽车公司在此基础上更是提出了影响深远的高速公路自动驾驶系统（Automated Highway System，AHS）概念，并预言"到20世纪60年代，高速公路将具有电子轨道，与汽车的自动驾驶系统相配合，实现无人驾驶，直到驶出高速公路才切换回驾驶员驾驶"。这个"电子轨道"大概就是如今的高速高精地图吧，而AHS也已经成了唾手可得的产品，如今众多新势力车企已经全系标配高速领航辅助驾驶功能（Highway Navigation Guided Pilot，HNGP）。

1958年，通用汽车公司在第三代"Firebird Ⅲ"上实现了基于车路协同的自动驾驶功能，通过高速预埋线缆和接收器，用路端的无线电指令指挥车辆实现自动驾驶，并且还在BBC的见证下实现了现场直播，用技术把概念变为现实。那个时候受限于传感技术以及硬件计算能力的限制，还无法在工程上实现用"电脑"像人一样控制车辆，更多还是依靠先验信息来开环控制。

20世纪80年代至90年代，开始出现基于计算机视觉和传感技术的自动驾驶研究。虽然技术还不够成熟，但是研究逐渐深入，为后续的发展奠定了基础。1995年，三菱汽车公司率先应用了"预见式报警"和"预见式距离控制"系统。预见式报警是前向碰撞预警和自动紧急制动功能的前身，预见式距离控制则是自动巡航控制功能的前身。20世纪90年代，车身纵向控制技术已经基本成型，结合底盘控制巨头博世的ESP液压控制，开启了以加速度为接口的纵向加减速控制。直到现在，一些车企还在使用这些技术。

21世纪初，大型科技公司和汽车制造商开始在自动驾驶技术上投入更多资源。这个时期的关键技术包括激光雷达、高精度地图、传感器融合和机器学习等。其中，Google公司（现为Waymo）发布了自动驾驶汽车项目，并进行了一系列公开测试，引发了公众对自动驾驶技术的广泛关注。

近年来，特斯拉推出了先后推出Autopilot 1.0和2.0系统，使得较为先进的辅助驾驶功能进入了大众市场，同时也引发了公众关于自动驾驶安全性和监管的讨论。2019年，国内造车新势力相继推出了高速领航辅助驾驶和城市领航辅助驾驶功能，激光雷达量产交付，奠定了多传感器融合派系基本框架。2023年，特斯拉FSD

V12版本首次使用端到端大模型,国内华为、"蔚小理"使用BEV+Transformer技术,去高精地图,抢占中国城市领航辅助驾驶的首发。2024年,头部新势力车企的车位到车位自动驾驶方案开始落地交付。预计2025—2026年,L3/L4试运营,法规起草,实车开发蓄势待发,逐步量产。

总结下来,自动驾驶的发展历程可以概括成五个时期:蛰伏期、爆发期、绝望期、爬坡期、普及期。

1)蛰伏期主要指前沿科技公司、高校的技术研究阶段,以及20世纪90年代后逐渐摸索出来的纵向自适应巡航(Adaptive Cruise Control,ACC)、自动紧急制动(Automatic Emergency Braking,AEB)、横向车道纠偏控制(Lane Departure Assist,LDA)和车道居中控制(Lane Centering Control,LCC)等功能。

2)爆发期是从特斯拉Autopilot 1.0通过ACC和LCC的联动实现了L2辅助驾驶,再到通用、日产、奔驰等德美日系头部主机厂接续发力分别实现L2的产品,在ACC和LCC的基础上又衍生出了自动变道辅助功能(Auto Lane Change,ALC),以及一级供应商(Tier1)提出的高速公路辅助驾驶功能(Highway Assistant,HWA)和交通拥堵辅助驾驶功能(Traffic Jam Assistant,TJA)的商业概念。与此同时,国内造车新势力开始走向竞技台,差异化地打造出了融合自动泊车和高速领航辅助驾驶等产品,在新赛道开始野蛮生长。此后国内外的L4科技公司如雨后春笋涌现,一时间热闹非凡。

3)绝望期伴随着大量新品牌消亡,少量留存品牌也进入了资金和信息的至暗时刻,经过大浪淘沙式的清洗,一两百家创业公司被迫出局。最终,"蔚小理"等作为新势力代表继续留在了战场,地平线、Momenta、华为鸿蒙智驾等作为供应商体系的杰出代表开始艰难生长,逐渐拿到各大主机厂新车型的业务,为它们提供核心芯片和贡献软硬件系统方案,获得一席之地。另一方面,L4科技公司由于持续大投入又无法看到盈利的希望,资金大量撤回,行业遭遇寒冬气息微弱,进入"绝望之谷"。

4)直到主机厂的自动驾驶功能逐步量产交付给终端客户,尤其是高速领航驾驶和城市领航驾驶的交付,客户真正使用了自动驾驶功能,才看到了它的潜力和前景。随着自动驾驶软件的不断空中升级（Over-the-Air，OTA），功能体验持续提升，得到了更多客户的认可，与此同时，高阶自动驾驶配置的销量开始爬升，重新点燃了这个行业的热情，开始进入爬坡期，走向正循环。例如，小鹏 G6 车型的高阶辅助驾驶配置曾一度超过 75% 的订购率，智能标签成为重要购买因素，问界车型的自动驾驶"遥遥领先"的口号在各大媒体频频亮相，以及各大厂商开始了新一轮的软件能力竞赛。2022 年，鸟瞰图（Bird's Eyes View，BEV）纯视觉模型上车；2023 年，无图化开城，自动驾驶的热度再次升温，各大主机厂抢先发布城市领航辅助驾驶，直到城市领航辅助驾驶全国都能用，整个竞争局面达到白热化；2024 年，全场景车位到车位的攻坚战斗再次吹响号角。

5）普及期拼的是产品调性和极致性价比，谁能用最小的成本交付最强的体验，谁将占领这个市场。另外，在智能标签、科技标签、企业调性的多重因素下，最终将逐渐形成品牌溢价，这是商业的终极护城河。图 1-1 所示为自动驾驶功能发展的关键节点。

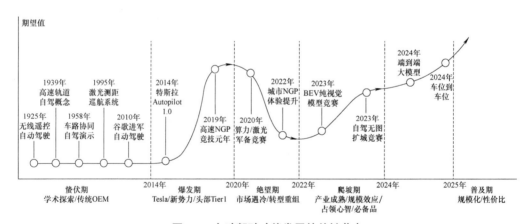

图 1-1　自动驾驶功能发展的关键节点

马斯克在 2015 年谈到对自动驾驶的期望时说："最终，车内不会有转向盘和踏板，你只管上车就行。"这段话可以说是对自动驾驶期望之高的集中体现。一时间，老牌主机厂、头部供应商、造车新势力和 L4 科技公司蜂拥而至，一场轰轰烈烈的自动驾驶革命就此拉开序幕，这种狂暴的追逐也预示了狂暴的结局，欢愉只是一瞬。

随后多数革命者又在短短的 8 年内相继倒在自动驾驶发展的滚滚车轮下，残酷而真实。兴衰交替下，老牌主机厂部分走向消亡，部分开始革新，头部供应商中合资 Tier1 逐渐暗淡，国产方案开始走向历史舞台，纯电的智能化时代属于中国。同时造车新势力开始分化，头部更强，尾部则更弱，2024 年起已经进入了淘汰赛。

后续的竞争会越来越白热化，自动驾驶将会朝着 L4 的体验继续进化，产品将有越来越大的 ODD 范围、越来越全面的覆盖场景、越来越少的接管次数、越来越好的驾驶体验。另外自动驾驶的智能能力，将向其他专业做能力的迁移和复用，逐渐跨专业深层结合、交叉融合引入全域智能，比如智能居家机器人等。同时随着供应链日趋成熟，高阶自动驾驶系统的成本也会逐渐降低，在技术方案逐渐趋同后，决定生存空间的就是成本控制能力以及品牌溢价。

1.1.3 自动驾驶的重要意义

从产品体验上来讲，自动驾驶是人工智能技术在移动出行领域的颠覆性产品，它将创造全新的令人称奇的智能出行体验，在不久的将来会走进每个家庭。从技术意义上来讲，以自动驾驶为代表的智能化是汽车的"第三次革命"，从最早的以机械为中心，到以电子电器为中心，再到以智能半导体为中心，各新兴车企甚至打起了硅基算力战，以及以大模型为核心的软件算法战。从人才密度上来讲，自动驾驶技术的复杂性、多学科融合以及快速发展等特点，使其成为人才密集型领域，在人才使用上呈现出高要求、高薪酬、高强度的"三高现象"，相当一部分相关从业者顺势向自动驾驶相关方向转型。从资本热度上来讲，中美两国头部企业在自动驾驶领域的总投资达到 3250 亿人民币规模，约等于国家电网、中石油、中石化、中海油、中国移动、阿里巴巴等巨头全年利润总和，资本只为趋势投票，由此可见该领域的市场热度，背后是对自动驾驶发展前景的看好。从法规政策上来讲，德、美、中等汽车大国，在自动驾驶方面积极立法，德国允许高级别自动驾驶车辆行驶在公共道路的指定区域；美国颁布的《自动驾驶汽车准则 4.0》，通过十条原则来保护安全和隐私以及促进技术发展；中国也在深圳出台了智能网联汽车标准，成为智能网联汽车地方准入管理的技术依据，在政策层面为技术发展和创新提供了温床、指明了方向。

自动驾驶技术的发展和普及，对于消费和社会，乃至汽车供应链的整体竞争力都具有比较深刻的影响。首先，根据特斯拉对外公布的数据，目前特斯拉车主在自动驾驶情况下的事故碰撞率已经低于完全人驾模式，从某种角度上来说提升了整体的交通安全性，尤其在主动安全功能，例如自动紧急制动和自动紧急转向（Automatic Emergency Steering，AES）等功能更加成熟的情况下，一定程度上避免了交通事故的发生，以及降低了交通事故的伤害。这得益于自动驾驶系统相对于人类驾驶员，能够准确感知周围环境、实时做出决策，并消除人类驾驶员由于疲劳和分心带来的疏忽，从而使得车辆能够更安全地行驶在道路上。另外一方面，自动驾驶技术的普及，还可以提升整体交通网络的通行效率，减少交通拥堵。自动驾驶技术，尤其是高阶自动驾驶，可以通过实时通信协调行驶，避免拥堵和交通事故，并更高效地利用道路空间，也可以错开通行高峰执行驾驶任务，来优化交通流量，从而减少交通拥堵。

在舒适性和体验方面，自动驾驶技术使驾驶过程更加轻松和舒适，驾驶员可以利用通勤时间进行其他活动，如工作、阅读或休息，这将提高通勤效率，减少通勤时间带来的压力和疲劳。自动驾驶技术可以提高出行便利性，成熟的自动驾驶系统可以为不同群体的人们提供更便利的出行选择，包括老年人、残障人士和不能或不愿意驾驶的人群，让他们可以更轻松地控制车辆，帮助他们更加安全、可靠、高效地从 A 点移动到 B 点，创造被智能科技赋能的美好生活体验。

总的来说，自动驾驶技术有望为人类社会带来更安全、更高效、更便利和更可持续的出行方式，对未来的交通和城市发展具有重要的影响。

1.2 右手艺术：用户体验是根本出发点和落脚点

"右手艺术"代表自动驾驶产品的新创意、新设计和想象力等创新创造的属性，强调的是产品的创造性、艺术性和设计感。右手艺术更注重产品的调性、用户体验、品牌形象等方面，需要具备创造性思维、艺术感知和审美眼光。自动驾驶产品设计的最终目的是给客户极致的体验，在最初的产品设计阶段甚至可以天马行空一点，用艺术创造的方式"信马由缰"地分析使用场景、定义使用需求、起草设计交互方案，以终为始地思考问题，绘制终极蓝图。至于具体的目标，可以通过和工程能力精细打磨来实现。

1.2.1 产品设计四部曲

好技术不一定是好体验，好体验不一定是好功能，好功能不一定是好产品，好产品不一定是好商品。一个好商品的打磨过程是精益求精的过程，背后需要懂客户需求，理解客户所思所想，站在客户角度不断提升产品的能力和性能。这个过程通常可以分为可用、好用、易用、常用四个阶段，各个阶段的介绍如下。

产品功能最基础的要求是"可用"，它可以帮助或替代驾驶员完成一定的驾驶任务或者安全风险规避，具有产品定义的基本功能。对于自动驾驶技术来说，这个功能至少能够在某些场景下帮助或代替驾驶员来操控车辆，比如车道保持、领航辅助驾驶、疲劳检测系统、自动紧急制动等功能。这个阶段的功能已经具备一定的感知准确性，同时规划决策算法也具备了稳定性和环境适应能力，并且测试结果基本达成 KPI（关键绩效指标）要求，用户界面和交互设计是清晰和可执行的。

"好用"的功能给驾驶员的整体使用感受是积极正向的，能够满足用户的实用性需求和期望，并且某些细节给用户带来超出期待的体验，产生"哇"的惊喜感受，比如车位到车位的全场景自动驾驶，包含主辅路合并、左右转、变道超车、U形弯掉头、识别闸机、通过 ETC 等。好用性意味着系统应该提供高品质的驾驶体验，具备让人满意的准确度和稳定性，可以满足大部分出行场景，基本可以全程提供自动驾驶功能，让用户感到满意和放心。

一个好用的功能，再加上方便快捷的"易用"性，就可以迅速地扩大其使用范围，释放该功能的用户和市场影响力。不难判断，功能使用频次和易用性息息相关，自动驾驶功能的开启和使用应该简单、方便，使用户能够轻松地理解和操作。易用性意味着用户界面应该直观、清晰，操作步骤应该简单明了，用户能够轻松地与系统交互。

对自动驾驶来讲,"常用"指产品或技术应该被广泛采用和应用,与客户的日常使用产生了较强的黏性和操作惯性,在终端市场上具备超高的使用率和渗透率,成为用户日常出行生活必不可少的工具和服务。例如,目前国内头部车企的高速自动驾驶功能已经可以覆盖全国所有高速,并且可以稳定地完成变道、超车、高速互通、通过匝道等动作,已经成为广大车主的日常出行必备产品。

1.2.2 产品经理的核心工作概述

产品经理的核心工作是连接用户,基于场景分析用户需求,基于市场竞争态势调研竞品优劣势,根据用户需求、竞争态势,并结合公司的技术现状,制定合理的产品 Roadmap(路线图),从中长期明确开发目标,在中短期与研发测试团队明确开发节奏,并将具体的需求描述体现在产品需求设计文档中,为下游系统方案设计和技术方案评估提供依据。过程中要和研发测试团队动态对齐,从产品体验角度给研发提供反馈,把功能形态、性能体验不断打磨提升,最终对即将发布给用户的功能做体验闭环验收,支持营销做推广宣发并对市场上的使用情况做运营分析,及时收集用户的反馈并将其带入下一个开发迭代中。概括来讲,其工作包含产品的设计、技术方案的体验反馈和验收、功能发布推广、用户运营等业务模块整个生命周期,具体内容见表1-2。

表1-2 产品经理主要工作内容

阶段	内容	具体步骤
设计	需求定义 功能形态 交互方式	1)收集信息:包括市场调研、用户反馈、竞品分析等,以了解用户的需求和市场的情况 2)明确问题:确定要解决的核心问题或目标,明确产品需求的背景和目的,以便确保定义的需求能够有效地解决问题 3)分析用户需求:通过用户调研、用户访谈等方法,深入了解用户的需求、痛点和偏好,以确定产品需求的主要方向 4)定义功能需求:根据用户需求和产品目标,定义具体的功能需求,包括产品的核心功能、辅助功能、交互设计等方面 5)编写需求文档:将定义的需求整理成文档形式,包括需求描述、功能规格、用例分析、界面设计等内容,以便与团队共享和沟通 6)验证需求:与开发团队和设计团队进行沟通和讨论,验证定义的需求是否可行、合理,并与团队达成共识

(续)

阶段	内容	具体步骤
开发	技术实现	产品经理实现技术开发的关键是与技术团队密切合作，理解技术架构，明确需求和目标，制订开发计划，跟踪进度和协调资源，测试和验证产品，收集反馈和优化，持续改进和迭代产品，以确保产品能够满足用户需求。这里需要注意的是，所设定的产品目标，必须和研发充分达成一致，对于明确无法达成的内容，要及时调整产品和研发策略
验收	体验评价	1）设立评价指标：确定评价体验的关键指标，这些指标可以包括用户界面友好性、操作流畅度、功能实用性、反馈及时性等 2）模拟用户行为：将自己置身于用户的角度，模拟用户的操作和行为，亲自体验产品的各项功能和特性 3）记录体验过程：在体验过程中，详细记录自己的感受和观察，包括喜欢和不喜欢的地方，以及发现的问题和改进建议 4）定期使用产品：作为产品经理，定期使用产品是非常重要的，可以帮助产品经理更好地了解产品的使用情况和用户体验 5）用户调研和反馈收集：主动与用户进行沟通和交流，收集用户的反馈和意见，了解他们的使用体验和需求 6）与设计和开发团队沟通：将体验评价的结果和用户反馈分享给设计和开发团队，与他们共同讨论问题，并制订改进计划和措施
营销	产品推广	1）目标市场分析：产品经理首先需要对目标市场进行深入分析，了解目标用户的特征、需求和偏好，以及竞争对手的情况，支持营销扬长避短 2）明确定位和价值主张：基于目标市场分析，产品经理需要明确定位产品的目标用户群，确定产品的核心价值主张，突出产品的独特优势 3）品牌策略制定：根据产品的定位和目标市场，制定品牌策略，包括品牌定位、品牌形象、品牌故事等，以塑造产品的品牌形象和认知度 4）支持营销活动：根据产品的定位和目标市场，支持营销制订全面的营销活动和计划，以提高产品的曝光度和知名度
运营	用户数据	1）用户数据分析：通过数据分析工具和技术，深入了解用户的行为和偏好，发现用户的需求和痛点，为产品改进和优化提供数据支持 2）用户反馈收集：主动收集用户反馈和意见，建立反馈渠道和机制，及时处理用户问题和投诉，提高用户满意度和忠诚度 3）产品优化和改进：根据用户数据分析和用户反馈，持续优化和改进产品的功能和性能，提高产品的用户体验和使用价值 4）用户培训和支持：提供用户培训和支持服务，帮助用户正确使用产品，解决使用过程中的问题，提高用户满意度和忠诚度 5）社区建设和运营：建立用户社区，促进用户之间的交流和互动，提高用户参与度和黏性，增强用户对产品的依赖和信任 6）持续改进和创新：不断评估和优化产品运营策略和效果，根据市场变化和用户需求持续改进和创新，提升产品的竞争力和用户价值

对于产品经理来讲，最核心的还是产品的设计阶段，如何去发现需求、满足需求、超越需求是产品经理的三大核心价值体现。需求发现是一个关键而复杂的过程，需要深入了解用户场景、市场动态、竞争格局和技术趋势。这一阶段需要识别核心需求，收集竞品对标信息，结合内部技术开发规划整理出符合当前阶段的产品设计方案，需要与终端用户、研发、营销、售后等上下游建立密切合作关系，以确保所有利益相关方的需求都被考虑到。目标还是确保准确地理解客户的期望和需求，并将其转化为可实现的功能和特性。

为实现自动驾驶产品的需求，需要综合考虑软件、硬件、传感器等多个方面的技术，这对产品经理来讲，核心是要向研发和下游清晰地传递需求，用场景、体验和角度的方式，定性或定量地进行描述，给开发指明方向。在产品设计上遵从"Less is more"，精简而有效，切忌泛泛而谈长篇大论又无亮点和新意，因为最终面临的是市场竞争，只有让人眼前一亮的产品设计才能占领一席之地。清晰和合理的需求，将会被开发团队转化为实际的架构、软件和硬件系统设计方案。这里要指出的是，产品的需求设计说明书并不是一成不变的，而是要在设计和研发中做动态调整，没有人能够一开始就准确无误地把产品设计清楚，需要上下游不断地打磨和调整，最终形成各个功能模块的详细设计方案。在这个阶段，除了方案的细节打磨，还要引入项目的概念，在有限的时间、有限的资源下，多快好省地交付到市场和客户手中，并且在体验、性能和质量上，确保交付的产品能够满足客户的需求和期望。

要超越自动驾驶产品的需求，需要不断创新和提高产品的价值，以满足用户的期望并保持竞争优势。这一环节意味着不是仅满足客户的基本需求，而是超越他们的期望，提供额外的获得感。一方面是功能本身让人绝对满意和惊喜，另一方面是基于比较的领先同行，只要能跑赢竞争对手，那也是超越客户需求。例如，语音交互可以实现可见即可说，自动泊车可以支持离车泊入，使用场景上可以打破行车和泊车的限制，一键实现车位到车位的全场景辅助驾驶。超越需求的目标是依托技术和产品能力，使系统技术和产品体验成为市场上的引领者。

在自动驾驶系统开发中，这些阶段通常是交织在一起的，并且是逐层拆解和迭代的过程,它起源于公司的愿景和使命,以及希望给客户带来什么价值。例如,特斯拉的愿景是"创建最引人注目的汽车公司,通过电动汽车的普及,驱动全球向可持续能源的转变",使命是"加速世界向可持续能源的转变";中国某新势力车企的愿景是"探索科技,引领未来出行变革",使命是"用科技为人类创造更便捷愉悦的出行生活"。愿景和使命决定了一家公司的调性,从希望给客户实现什么价值,到具体需求和场景,再到各个功能模块,以及UI(用户界面)和用户体验……这不仅是产品设计的基本方法论,也是逐渐从调性到具体功能价值和体验的分解过程。同时还要考虑到产品本身如何在竞争中实现差异化,如何快速迭代到更好的状态,如何把入口做浅以快速实现用户增长和使用频率提升,以及用什么商业模式来将这些价值转化成公司利润。

中国新势力车企在科技属性上开辟了新天地,从一出场就自带探索、科技和引领的风格,比如车顶摄像头、融合泊车、打灯变道,以及高速领航辅助驾驶、记忆泊车,还有激光雷达、城市领航辅助驾驶,再到"断头"车位、机械车位、自定义泊车等。放眼全球,中国车企都有探索和引领的作用。高速领航辅助首次做到了L3的体验,实现了高速全自动加减速变道等任务,解放双手双脚,让大家看到了自动驾驶对于驾驶员的重要价值;城市领航辅助驾驶则是属于扩大使用场景,让用户在好用的基础上常用。

这就是企业愿景和使命的核心意义,它指导着每个业务模块的设计和开发,除了自动驾驶的功能,在智能座舱的体验提升层面也是一样的道理。中国首发的多任务语音交互、可见即可说在业界也是现象级的产品设计,它的背后就是通过解放驾驶员双手双脚,提供极致智能体验的方式,来引领出行变革。从自动驾驶到智能座舱,在智能领域持续发现需求和实现需求是汽车企业车型项目成功的关键,而对超越需求的思考,则是为了确保系统能够保持竞争优势并满足不断变化的市场需求。

1.2.3 产品经理的思考逻辑

产品的最大失败是使用率低、无人问津;产品最大的成功是高渗透率,以及用户满意加惊喜的反馈"哇!太棒了"。在自动驾驶产品上,核心要思考的是所设计的自动驾驶功能可以给驾驶员提供什么价值。归根结底，自动驾驶普及的目的是把驾驶员从枯燥的执行和注意力疲惫占用中释放出来，提供更多自由空间，从脱脚、脱手，到脱眼、睡觉、下车……这是无数主机厂和L4科技公司持续努力的目标，通过替代把驾驶员解放出来是第一价值。要想实现这个价值，需要继续分解到需求、场景和功能模块。

在分析竞品和自己设计产品时，多问"为什么"，要打破砂锅问到底。

1）在用户需求方面，需要思考：为什么要开发这个功能？用户是谁？用户的需求是什么？用户有哪些痛点和问题需要解决？设计的产品可以满足用户哪些需求？用什么样的具体模块、UI和体验来满足用户需求？用户对现有产品或服务的满意度如何？是否可以带来惊喜？有哪些改进建议？

2）在市场分析方面，需要思考：当前市场趋势是什么？有哪些竞争对手？我们的产品在市场中的定位是什么？后续潜力如何？

3）在产品规划与设计方面，需要思考：下一个版本或新功能应该包含哪些特性？我们的产品路线图是否符合用户需求和市场趋势？产品设计是否简洁易用？能不能更广泛地使用？有哪些改进空间？

4）在数据分析与优化方面，需要思考：用户使用产品的情况如何？用户反馈和数据分析是否揭示了产品存在的问题？如何通过数据分析优化产品功能和用户体验？

……

从传统非智能汽车逐渐提升到自动驾驶的推进过程见表1-3，自动驾驶汽车被赋予了更多的主动性，从而把驾驶员的时间和精力解放出来。

表1-3 传统汽车和自动驾驶车辆设计对比

使用场景	传统汽车设计	自动驾驶汽车设计
拿车	人找车：驾驶员拿车钥匙、找到车辆、解锁、上车	车找人：手机一键召唤、车辆到达指定地点、自动解锁、上车
到达目的地	人开车：输入终点、加减速、变道、到达目的地、找车位、泊车、下车、锁车	系统开车：输入终点、自动挂挡、加减速、变道、到达目的地、下车、找车位、自动泊车、锁车

采用自动驾驶的构想，只需要驾驶员给出简单的输入，即可全程自动驾驶到目的地——这是第一步的构想，接下来就要把所有需要车辆自己实现的功能做详细的拆解。下面以"车辆到达指定地点、自动解锁"为例简单说明，详见表1-4。

表1-4 车辆到达指定地点自动解锁功能拆解示例

目 的	功 能 拆 解	技 术 载 体	落 地 难 点
车辆到达指定地点、自动解锁	1）手机端App支持一键指令 2）指令可以通过手机发到车辆 3）车辆可以自动上电激活并接收到信号 4）车辆知道目的地在哪里 5）车辆知道自己在哪里 6）可以自动泊出车位 7）车辆要具备路径规划能力 8）可以通过地下车库内部路找到出口 9）车辆可以感知周围环境 10）车辆可以按照规划路径决定加减速和变道 11）车辆可以识别动静态障碍物 12）车辆可以对障碍物迅速做避障 13）可以找到闸机出口 14）可以自动支付停车费用 15）车辆可以识别外部道路标识 16）车辆懂得交通规则并遵守 17）具备脱困能力，防止停滞不前 18）车辆到达终点后自动驻车 19）驾驶员靠近后主动解锁 20）车辆运行过程中，驾驶员可远程监控，以便随时了解状态	技术载体可以按照以下逻辑继续拆分： 1）自身系统方案：传感器、控制器、架构交互 2）核心算法：感知、融合、定位、规划、执行 3）关联系统技术：底盘控制、电源和上下电管理、手机App开发、信号传输路径、GPS定位	其中一条特性无法实现就会让整个功能无法落地，比如在停车库没有GPS信号，车辆无法精确地指导自己在哪里，那就无法规划路线，就无法实现： 1）系统技术可行性 2）成本和用户收益 3）可靠性 4）开发周期 5）商业模式 6）产业链成熟度 7）法规要求

整体来讲，产品部门负责"画图"，产品经理要负责制定产品的设计、规划和方向，明确产品的需求、功能、UI和用户体验；技术部门负责"施工"，技术团队负责将产品设计转化为实际可用的软件、硬件或其他技术产品，他们负责实现产品的各种功能，并确保其性能、稳定性和安全性；项目管控落地，项目管理团队或项目经理负责监督整个项目的执行和进度，他们还负责协调各个团队之间的工作，确保项目按时交付，并处理可能出现的问题和风险。

1.3 左手工程：技术和成本把艺术拉回现实

"左手工程"则代表技术、工程、执行等更为实际和具体的部分，强调的是产品的可行性、实用性和稳定性。左手工程更注重产品的功能实现、技术架构、性能优化、成本、计划等方面。工程思维会从几个角度审视天马行空的设计，一步一步消除偏差项，逐渐达成共识。

1）必要性：如果完成开发可以获得哪些预期收益，是否具有足够吸引力，如果不做会产生什么样的损失，是否能承受。首先是市场需求方面，需要说明市场调研和竞争分析情况，判断在客户层面做的收益和不做的代价；其次是法规要求方面，需要判断是否属于法规或行业标准的要求；最后是战略目标支持方面，需要论证项目是公司战略目标的一部分，或者有助于实现公司长期目标。

2）可行性：当前的技术方案是否可行，从技术原理和开发周期上是否可以满足产品开发和交付的节奏。首先是技术可行性方面，需要评估项目的技术可行性，包括技术方案、资源需求和开发周期等；其次是资源支持方面，需要确定项目所需的人力、物力和财力资源是否可行并且可获得；然后是团队能力方面，需要评估团队的技能和经验是否能够支持项目的顺利开展；最后是风险分析方面，需要识别和评估项目的潜在风险，并确定相应的风险管理措施。

3）投入产出比：即使这个需求设计得很必要且可行，但是也要考虑是否要增加额外的代价，相对于新增的投资和产出的收益，是否可以接受这种投资的回报率（ROI）。一个是成本效益分析方面，需要计算项目的总成本，并预测项目的收益或效益，从而评估投入产出比；另一个是替代方案方面，需要与其他可能的替代方案进行比较，评估其投入产出比，以确定最优解决方案。

综合以上分析，可以对项目的必要性、可行性和投入产出比进行全面的评估，为决策提供理性和可靠的依据。

1.4 落地的核心是平衡三角矛盾

1.4.1 不可兼得的三角矛盾

在工程领域，有限的时间内开发一个项目，性能体验、投入成本、可靠性之间存在一种被称为"工程三角矛盾"的关系，很难同时实现三者的最优化（图1-2）。

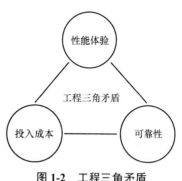

图1-2 工程三角矛盾

高性能往往意味着更多的功能、更好的效果或更快的速度。在产品设计中，追求高性能可以提升产品的竞争力和用户体验满意度。然而，提高性能通常会增加产品的复杂性和成本，因为需要更先进的技术、更多的资源和更复杂的设计。控制成本是企业经营的重要目标之一，在竞争激烈的市场环境下，产品的成本必须保持在合理范围内，以确保产品的市场竞争力和盈利能力。

但降低成本往往需要牺牲一定的性能或可靠性，例如采用廉价的BOM或简化产品的开发和设计，会导致性能或可靠性的降低。产品的可靠性是指产品在规定条件下完成所要求功能的能力，即产品运行一定时间内不会出现故障或失效的概率。提高产品的可靠性通常需要增加成本，例如采用更耐用的材料、增加备件和维护成本等。

因此，工程领域中的"三角矛盾"意味着在设计和制造产品时，很难同时实现性能、成本和可靠性的最优化。通常情况下，需要在这三个方面进行权衡和取舍，根据产品的具体需求和市场定位确定最合适的方案。

企业在不同时期有不同主要矛盾，同时也对应着不同的侧重点。一般来讲，早期重性能体验、中期重可靠性、后期重投入成本是普遍规律。

1.4.2 从营销打法确定研发资源布局策略

有限的资源投入特定的产品上,胜负的关键前期在于差异化,后期在于规模化。产品差异化是指通过在产品的功能、性能、设计、服务等方面与竞争对手进行区分,从而使产品在市场上具有独特的竞争优势。产品差异化在不同阶段有不同打法,但参考各行各业共同的规律,主要包括四种打法,即新打旧、多打少、快打慢、高打低(图1-3)。

图1-3 四种差异化打法

所谓新打旧,是指创新性地推出全新的产品或功能,突破传统方案的限制,挖掘、设定并满足用户新的需求和期待,往往需要引入新的技术、产品设计或商业模式,在一定程度上颠覆传统行业规则,创造全新的市场。比如新势力车企用新能源对抗传统燃油,用软件持续OTA更新的方式来改变传统汽车交付后功能一成不变的现状,以及使用全场景语音交互来代替传统汽车繁多的机械按键,提供更便捷的人机交互体验。新打旧模式考验的是车企拥抱变化、持续创新的能力,背后需要有优秀的商业洞察团队、产品设计团队和强大的技术开发团队做支撑。

顾名思义,多打少就是要给客户更多获得感和用户黏性,包含提供更多的产品功能和服务,满足不同用户群体的多样化需求,以及打造产品的生态系统,整合相关产品和服务,提供更全面的解决方案。比如给座椅追加按摩功能、腿托配置,座椅后面放置可折叠小桌板,能在不同场景下给到客户更多更丰富的体验;为了创造并满足更多的美好体验场景和解决方案,很多主机厂还在车内增添了电视、投影仪、车载冰箱,甚至后排一键成床等配置,即使不会高频使用,也会满足用户对于美好出行生活的想象和期待,使其产生更多的获得感,并且让客户更愿意留在车里,享受车内的休闲时间。这也是互联网的典型打法,谁能捕捉到用户的注意力和沉浸时间,谁就更容易征服客户,让客户买单。这需要企业以客户为中心,考验企业是否足够在乎其客户,是否能够在需求设计和体验打磨上超越用户的期待,当然还要有优秀的成本控制能力,才能保证功能提供的多,又能有相对较低的成本,给的越多，代价越低，则生存空间就越大。另一方面，也需要企业做中长期布局，让客户一步一步进入自己的生态圈，产生依赖性，进而产生用户黏性。

天下武功唯快不破，以快打慢永不过时。这体现在企业是否可以加快产品的研发和上市周期，迅速响应市场变化，抢占市场先机；是否可以不断迭代优化产品，快速调整产品策略和战略，适应市场需求的快速变化上。比如有些敏捷车企快速推出远程控制空调进行高温杀毒功能，以及空气净化功能，复用了当前的硬件能力，结合市场变化，快速给出解决方案，在客户心中巩固和提升企业形象；再比如2023年的自动驾驶的扩城之战，谁能在最快的时间抢占更多的地盘，在更大范围内释放城市领航辅助驾驶，谁就抢占了市场先机。以快打慢考验企业的敏捷性和执行力，一步领先则步步领先。

最后，以高打低强调产品的高品质、高性能和高服务水平，要给用户提供更优质的体验。企业一般要通过高端定位、高端定价和高端营销策略，树立高端品牌形象，吸引高端用户群体。这其中最难的一点，是把好技术和好产品逐渐沉淀为好品牌而获得品牌溢价的过程。高端并不是简单堆料，实际操作过程中具有一定的精神塑造属性，好的品牌不是回答它是谁，而是回答它可以让用户成为谁，通过产品和品牌认知的建立，逐渐形成自己的调性和定位。比如蔚来的优质服务能力、特斯拉的极简科技调性、小鹏的智能基因，以及华为的技术领先认知，这些特征都是企业以高打低的势能和基石，它考验的是企业产品亮点塑造能力，某种程度代表了企业所宣扬的核心竞争力，是产品、技术、营销等综合能力的体现。

以上四种打法往往要成对出现，打出"多快好省新、产品调性高"的组合拳，以实现产品差异化和性价比优势，从而让产品和公司在市场中取得更大的竞争优势和生存空间。然而，困难在于既要能看到远方的蓝海，为明天打造差异化，又要能看到脚下的红海，用性价比打赢同质化竞争，先活过今天。每个差异化都需要产品和技术的中长期投入，某种程度上来讲都是一次博弈，需要对行业发展趋势和技术发展方向有准确的判断，能够根据市场变化、用户需求和竞争对手的动态进行调整和纠偏优化，具备在动态中保持平衡的能力以及在平衡中勇争第一的心态，来打造竞争优势的持续性。

第 2 章　自动驾驶专业基础知识

首先建立一个认知，自动驾驶系统的本质是智能机器人。完全自动驾驶的终极目标是在人类不想或不能开车的时候，具备替代人类驾驶的能力，在行进过程中遇到任何复杂场景都可以自己处理，最终将乘客安全、舒适、高效地送达期望目的地。

如果 20 年前，自动驾驶和人类驾驶来一场驾驶任务比赛，那么人类驾驶员一定完胜；但如果在 2024 年拿最高水平的自动驾驶和新手驾驶员去做对比，恐怕已经难分胜负。甚至业内有人拿自动驾驶去做"图灵实验"，10 辆车是人驾模式，10 辆车是自动驾驶，被测试者蒙住双眼，听着音乐，等到达目的地的时候，他们很难分辨到底是人在开车还是机器人在开车。那么如果再过 20 年，自动驾驶能超过人类驾驶吗？再过 100 年呢？带着这个问题，我们先了解下当前自动驾驶的系统方案，通过和人类驾驶进行类比，快速理解自动驾驶系统的运转原理和精髓所在。

2.1　自动驾驶架构和控制器设计

自动驾驶系统设计的第一步就是明确系统的架构，根据要开发的功能、实现的性能以及后续的扩展性，对软硬件和拓扑进行前瞻性的设计，确保至少可以使用 3~5 年。系统架构设计是主机厂核心能力之一。架构设计本身包含自身控制器设计、核心元器件、相关系统冗余设计、通信交互方案、诊断点检要求、休眠唤醒、智能配电等内容。整车架构硬件控制器越来越少，软件升级和云端能力越来越强，呈现出高度集成的特点。

2.1.1 架构设计的核心思想

自动驾驶架构设计的核心思想是通过整合多个子系统，构建一个高效、安全、可靠的自动驾驶系统。从整车角度来讲，包含自动驾驶系统、人机交互系统、底盘控制系统、动力控制系统、车身控制系统、云端交互系统等，在系统间要明确相互之间的通信方式、交互协议、性能约束、失效保护机制，以及高阶自动驾驶所需的冗余能力等，确保系统间的相互需求得到满足；从自动驾驶系统来讲，主域控以及下属传感器之间的供电、通信、诊断等都需要有清晰的设计过程，以保证系统的独立性、完整性和可扩展性。

在做自动驾驶系统架构设计时，通常要考虑以下过程：

1）需求分析与概念设计：在自动驾驶架构设计的早期阶段，需要进行需求分析和概念设计，明确系统的功能需求、性能指标、硬件和软件平台选择等。这一阶段通常包括用户调研、市场分析、竞品研究等工作。这里的功能需求和性能要求要拆分到具体的场景，比如需要识别车辆前方 150m 的锥桶、前方 200m 横穿的行人等，以及夜间路灯光照条件下的具体性能要求，这是传感器和控制器选型的前提之一。同时还会根据行业发展动态，根据一、二级供应商的产品发展规划，结合性能、质量、价格多种因素整体决定大概的核心元器件，在明确初步的核心元器件后，外围的接口电路和通信方式基本上可以从通用的套餐里去选取，进入一、二级方案的论证阶段。

2）模块化设计与接口定义：将自动驾驶系统划分为多个独立的模块，每个模块负责一个特定的功能或任务，通过定义清晰的接口和协议，实现模块之间的信息交换和协同工作，包括超声波传感器和处理模块、毫米波传感器和处理模块、摄像头和图像处理模块、激光雷达信号处理模块，以及控制器里的逻辑运算模块、片上操作系统模块等。还可以继续拆分到核心硬件设计、操作系统和中间件、功能应用模块等，明确各个模块的核心作用，以及各个模块间的信息流转内容。

3）分层架构：将自动驾驶系统按照功能和层次划分为不同的层级，如感知层、决策层、控制层等，每个层级负责处理特定的任务，并选用合适的 CPU、GPU 和

NPU 等核心元器件,实现系统的分工和协作。这个和整车系统间方案设计如出一辙,只是缩小了一个层级,从系统间变成子系统间的相互关系定义。模块化思维是架构设计必须遵循的原则之一,模块划分清晰,分层设计,支持各模块在遵循子系统交互协议的基础上独立开发和完善,将有助于各模块提升开发深度和质量,以提供更稳定和可靠的性能。

4)容错设计:自动驾驶系统需要具备一定的容错能力,能够在出现故障或异常情况时,及时发现并采取相应的应对措施,确保车辆和乘客的安全。这个过程的核心是要识别自动驾驶系统设计的局限性,并设计相应的故障模式和处理方式,其前提就是模块化,否则各模块混作一团无法隔离。前面提到的分层架构有两层含义,既要相互独立,又要相互校验和补充,独立性保证了系统故障和异常的时候,所带来的影响可以被模块化隔离。相互校验和补充是指在设计之初就考虑到各个模块的可能失效情况,并且当子模块失效后,其他模块进入失效保护状态,保证损失最小,以及在一定程度上来弥补故障带来的影响。

5)开放式架构:自动驾驶系统的架构应该是开放式的,能够灵活适应不同的硬件平台和软件环境,支持多样化的传感器和执行器,实现系统的可扩展性和可定制性。软件层面应该有预留通道,可以增加通信内容和交互方式;硬件层面可以支持插拔式应用,可以方便地增加硬件接口、内存,甚至是核心处理器也支持扩展,这样可以保证一代硬件平台可以在 3~5 年内支撑新增需求。当然也需要同时考虑变更规模、硬件预留成本等因素,综合设定具有竞争力的架构方案。

总之,自动驾驶架构设计的核心思想是构建一个高度智能化、模块化、具备兼容性和扩展性的系统,在中长期内可以满足功能和软件开发的要求,保持同平台产品的竞争力。自动驾驶架构设计的方法涵盖了系统工程、软件工程和实时系统设计等多个领域的知识和技术,需要综合考虑系统的功能需求、性能指标、安全性要求和可扩展性等因素,以确保系统的稳定性、可靠性和安全性。

2.1.2 车端硬件组成和拓扑

特斯拉在 HW3.0 上已经采用中央超算加域控制器的架构,即中央超算 CCM,

加三个区域控制器,这种域控集成式的电子电器架构,控制器总数量相对传统架构可减少一半以上,随之减少的是整车线束长度和线束成本。图 2-1 所示为高阶自动驾驶系统架构示意图,整车架构只有四个域控制器。

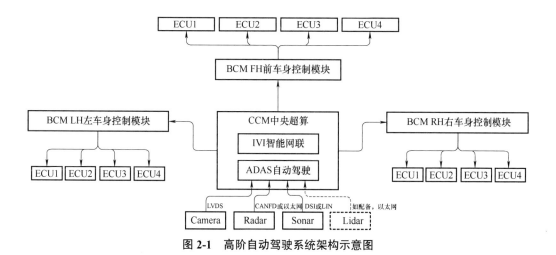

图 2-1 高阶自动驾驶系统架构示意图

四个域控制器分别是中央超算域控制器、前车身域控制器、左车身域控制器和右车身域控制器。中央超算域控制器同时集成了智能座舱系统(IVI)和智能驾驶系统(ADAS)以及中央网关,负责大屏仪表的智能网联控制以及自动驾驶控制。前车身域控制器负责整车电源分配,以及前舱域所属 ECU 的通信交互和逻辑机制。左车身域控制器负责左侧用电单元的上下电控制、通信交互、逻辑控制,包括底盘横纵向控制等。右车身域控制器负责右侧用电单元的上下电控制、通信交互、逻辑控制,包括动力系统和空调系统等。

国外企业以特斯拉为例,国内企业以小鹏和华为为例,对比下三家自动驾驶头部企业的路径和方案。

1)架构层面:三者均采用中央超算和域控制器的电子电器架构方案,具备云端能力,方案设计大同小异。

2)控制器层面:控制器的电路板设计均为自研,生产制造采用外委供应商的合作方式。值得一提的是,特斯拉和华为均使用自研 SoC 芯片,小鹏 SoC 芯片使用了英伟达方案的 Orin 系列,但据小鹏官方信息公布,2024 年 8 月代号为图灵的自研芯片已经流片成功，未来也是核心硬件自研。

3）传感器层面：据网络披露信息了解特斯拉在新架构上重新加回了前毫米波雷达，且升级为4D毫米波雷达，4D雷达相对3D雷达增加了垂直角可以表征目标的高度信息；依然坚持不使用角雷达和激光雷达，且无环视摄像头，但增加了3颗摄像头做补盲和冗余，同时摄像头像素升级到5M。而小鹏和华为均采用了后角雷达和激光雷达，以及环视摄像头，小鹏采用2颗125线激光雷达，华为采用1颗192线激光雷达；不过据官方信息公布，在小鹏最新的车型上将升级鹰眼视觉，同时取消激光雷达，做纯视觉方案，华为也提供了一套无激光雷达硬件的纯视觉方案。

在表2-1所列系统方案对比中，特斯拉、小鹏、华为的系统方案信息是根据官方披露以及公开网络信息整理所得，和实际方案可能存在偏差，仅作为学习和理解的参考。

表 2-1　系统方案对比

硬件组成	特斯拉：HW4.0	小鹏：XNGP 硬件	华为：ADS2.0 硬件
EEA 架构	中央超算 + 域控制器	中央超算 + 域控制器	中央超算 + 域控制器
控制器	自研 FSD 芯片 ×2 算力约 400~500TOPS 7nm 工艺	英伟达 Orin-X ×2 算力约 508TOPS 7nm 工艺	MDC 610/810 算力约 200~400TOPS 7nm 工艺
摄像头	最大支持 12 路 前视摄像头 ×2　5M 前角摄像头 ×2　5M 后视摄像头 ×1　5M 侧视摄像头 ×4　5M 车内摄像头 ×1　支持 2M	最大支持 12 路 前视摄像头 ×2　8M 后视摄像头 ×1　1.7M 侧视摄像头 ×4　1.7M 环视摄像头 ×4　3M 车内摄像头 ×1　支持 2M	最大支持 12 路 前视摄像头 ×2　8M 后视摄像头 ×1　2.5M 侧视摄像头 ×4　2.5M 环视摄像头 ×4　2.5M 车内摄像头 ×1　支持 2M
毫米波雷达	前雷达 ×1 4D 雷达、Phoenix 以太网接口	前雷达 ×1 角雷达 ×2 3D 雷达 CAN/CANFD 接口	前雷达 ×1 角雷达 ×2 3D 雷达 CAN/CANFD 接口
超声波雷达	超声波雷达 ×12	超声波雷达 ×12	超声波雷达 ×12
激光雷达	无	激光雷达 ×2 125 线	激光雷达 ×1 192 线

2.1.3 自动驾驶架构设计的核心内容

自动驾驶控制器是自动驾驶架构设计的核心硬件支撑和综合体现,它包含了传感器和控制器核心元器件的选型方案、通信方式的设计、电源管理方案和系统冗余设计等。

控制器的核心元器件基本上是处于垄断地位的,目前自动驾驶控制器的设计基本上是围绕着核心 SoC 和 MCU 型号,以及传感器的使用方案,结合通信和带宽等因素来配置周边外设的过程。一般来讲,硬件主要由负责控制算法决策运算的中央处理器 CPU、用于加速图像处理和深度学习算法的图形处理器 GPU、专门用于加速神经网络推理任务的 NPU、处理传感器信息和一定逻辑运算的嵌入式系统 MCU,以及数据存储器、通信模块、电源管理模块等组成,详细请参考图 2-2 所示自动驾驶子系统架构图。

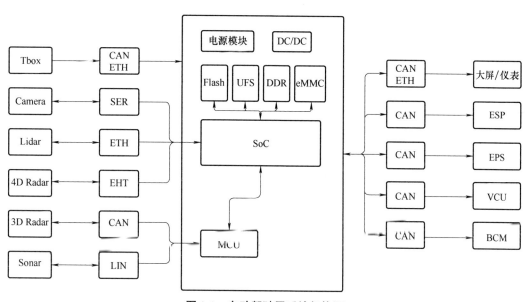

图 2-2 自动驾驶子系统架构图

控制器内部主要包含 SoC、周边存储芯片、嵌入式 MCU、电源芯片、CAN 收发器、以太网芯片、加串器和解串器等。硬件配置的高低主要由芯片供应商决定,比如国外的英伟达 Xavier 系列、Orin 系列和下一代 Thor 系列,Mobileye 的 EQ 系列，以及国内的地平线的征程系列、黑芝麻华山系列、华为 MDC 系列等；软件部分包含底层操作系统、中间件和上层应用。主机厂或者 Tire1 的核心能力差异主要集中在应用软件层面，目前硬件的军备竞赛已经告一段落，自动驾驶头部主机厂开始在 BEV+Transformer、端到端大模型上打造技术护城河。在当前硬件已经支持 500~1000TOPS、激光雷达越来越便宜的情况下，决定产品体验高度的是产品设计能力、软件算法能力、平台化管理能力，以及规模化供应能力。

未来的电子电器架构，将以智能化为中心，在车端和云端双管齐下，全面激发智能协作能力，主要表现在以下三个方面：

1）面向服务的架构（Service Oriented Architecture，SOA）是未来的发展趋势。它的核心使命是激活主域控智算潜力，通过定义模块间的交互接口，将各个模块的内部计算量以更广泛但又松耦合的方式在整车架构间进行传播和消费。例如，自动驾驶的感知信息可以直接被底盘使用，用来做横纵向以及垂直方向的控制；座舱的人脸识别、手势识别、声纹识别和语音语义识别的结果，可以供座椅控制、驾驶风格设置、自动驾驶参数自定义配置等。

2）硬件的集成度将更高，控制器数量将进一步减少到不能更少。整车的控制器数量从传统汽车的一百多个降低到域控下的三四十个，后续将会进一步合并，从物理的壳体集成，到电路板的共板集成，再到芯片级别的合并集成，最终会将控制器集成到不敢想象的个位数水平，形成一个超级计算中心加外围执行器的状态。其背后是技术能力提升和成本降低诉求达成和解的必然路径。最初传统汽车以硬件定义汽车，再到新势力进入软件定义汽车时代，最终在螺旋式上升的情况下，形成超级软件和超级硬件。超级软件就是 SOA 架构和大模型，超级硬件就是 All in one 的智算硬件平台，本节主要介绍系统架构，暂不展开大模型的相关论述，后续将对算法模块详细说明。

3）车端和云端海量数据吞吐交互能力是智能进化的基石。车端的感知数据、自动驾驶特征数据、人驾模式的偏好数据、整车状态数据都将得到更好的使用，在车端和云端建立更大的数据吞吐能力，直接或间接地为驾驶员提供服务。比如远程代驾功能就是直接为客户提供服务，所谓间接服务，就是根据车辆大数据的优质解，不断优化驾驶体验，包含自动驾驶风格和底盘特性风格，都可以在大模型和数据的加持下，迭代出更加成熟的功能，提供更加符合驾乘意图的体验。以手机为终端，给用户释放更多的远程能力，实时查看、实时操控、实时对话，软硬一体、车云一体将是未来架构设计的出发点和落脚点。

以上所述是架构设计和控制器设计的核心要点。

2.2 系统方案设计

2.2.1 系统设计三要素：输入、系统、输出

自动驾驶系统的输入是传感器对环境的感知信息，输出是对横纵向执行器的控制，以及HMI交互显示，中间的核心中枢是决策和控制模块。如图2-3所示，自动驾驶的系统可包含外界环境输入、感知和环境理解、决策控制模块和执行模块四大部分。

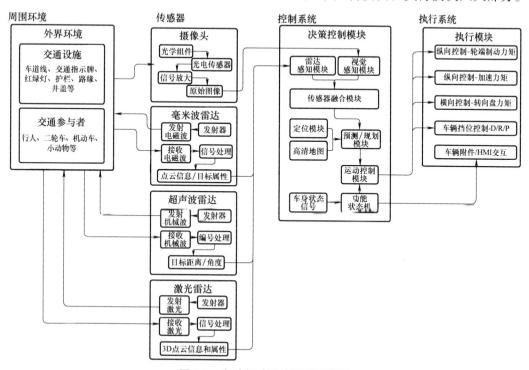

图2-3 自动驾驶系统原理示意图

系统输入可以类比人类驾驶，分为周边环境、先验知识和车辆自身状态，输入信息类型多且复杂。其中，周边环境又可分为静态目标和动态目标。静态目标包含：道路结构，如直行道路、左右转弯路口、U形掉头、主辅路、合流分流、环岛、上坡下坡等；交通设施，如闸机、减速带、护栏、路沿、安全岛、井盖、收费站、施工标志等；交通指示信息，如车位框、车道线、停止线、斑马线、待转区、红绿灯等。动态目标包含：静止、横穿、逆行、部分遮挡的道路行人和小动物等；二轮车、三轮车、小型乘用车、商用载客车、载货车、工程作业车辆；社会应急车辆，如警车、消防车、救护车等；交警指挥动作，如手势和哨声等。

先验知识主要是清楚目的地以及到达目的地的最优路径，同时根据对道路的熟悉情况，可以规避一些拥堵和不良路面，以及迅速根据视觉特征定位的能力。车辆自身状态，顾名思义，主要是指当前挡位、加速踏板位置和状态、转向盘位置和状态，以及行驶车速、加速度（推背、点头、侧倾、甩尾等）、横向转向盘位置（角度/角速度），还有车辆辅助装置的状态，如胎压、刮水器、除雾装置、后视镜位置等。

系统输出类比人类驾驶的方式，也可分为三类：整车运动控制干预类、车辆附件控制类和人机交互类。其中整车运动控制干预类输出主要包含：纵向控制，主要是踩加速及制动踏板、换挡，包含踩踏板的开始时机、下踩深度、持续时间等；横向控制，主要是转动转向盘，包含转动转向盘的时机、角度、角速度等。车辆附件控制类输出，主要包含除霜、除雾、开关刮水器等操作。车辆人机交互类输出，主要是指打转向灯、打双闪（即危险警告灯）、按喇叭等对外交互装置的打开和关闭功能，以及调节系统反应灵敏度、运行阈值等参数、运行状态的提示等内部交互。

最复杂的还是系统本身，它可以根据车辆自身状态、周边环境和先验知识，在恰当的时候给出恰当的加速、制动、挡位、转向，以及各种灯光、喇叭操作，还能除霜、除雾、刮掉雨水。系统主要包含以下子模块：

1）感知识别模块：作用是接收并理解车辆自身状态和周边环境的信息。其中摄像头、毫米波雷达、激光雷达、超声波雷达信号，获取立体世界的色彩信息、纹理特征、速度信息和3D点云等用来识别目标的有无、类别和运动状态；加速度传感器和陀螺仪，获取三个轴向的加速度以及绕三个轴向的角加速度，用来获取车身姿态信息，类似人类体感；车身内部的信号，比如速度、挡位、转向盘角度、刮水器、双闪、转向灯等信息，可以直接通过线束和 CAN/CANFD 等交互协议传递给自动驾驶控制器，用于了解当前车辆运行状态。

2）先验知识模块：把感知识别的环境信息，和心中的地图进行匹配，了解到现在处于什么位置。根据定位系统、高精地图共同明确当前位置，根据目的地，采用先验知识规划出全局路线怎么走，同时视觉 Slam 也可以辅助定位，就像"老司机"那样，看到周边建筑物，比如一家餐厅，就立刻知道自己在哪里。

3）预测和规划模块：它主要解决的是如何根据实时路况和驾驶风格规划横、纵向的控制，来应对局部突发情况，相当于人的大脑。通过感知模块输入的目标位置、类别、状态属性，对目标的运动轨迹进行预测，通过车身自身状态和加速度信息，对自车的轨迹进行预测，明确复杂的动态环境下，潜在的碰撞风险和可行驶区域。明确可行驶区域后，结合驾驶风格，比如想开快还是慢、变道激进还是沉稳、紧急作动还是轻柔介入，综合考虑安全性、舒适性以及非必要不动作的原则，规划当前的局部策略如何提速避障，决定要不要加减速、左右转、横向避让、变道超车、加塞切入，以及确认是否需要打转向灯、按喇叭等。

4）动作实施模块：根据规划的意图，控制纵向加减速、横向转弯角度，以及触发车辆附件工作，相当于人的手脚。一个是车辆的纵向加减速控制，通过控制底盘的制动模块实现减速，控制动力模块实现加速，通过换挡机构决定纵向运动的方向；另一个是车辆横向的转向控制，通过控制转向盘转角和力矩，来实现车辆变向，包含左右转和变道、掉头等。除此以外还有人机交互以及车辆附件控制单元，它通过车身 CAN 或者以太网信号控制仪表和中控屏的显示与交互，同时也调动车身控制器调度周边电器附件，比如实现打转向灯、开前照灯、按喇叭、开关刮水器等功能。

5）经验固化：先进的深度学习模型具有自学习能力，开得越多经验越丰富。这里就体现在对加减速时机的把握、对转向盘转向的丝滑操作方式。系统能不断地人车合一，实施优化调参，把驾驶能力持续迭代提升；在机器端，则是主要依靠智能大模型和大数据闭环两项核心能力，不断把智能的经验固化和沉淀累积。

其中智能大模型，是根据模拟人脑神经网络设计的神经网络深度学习算法，相当于人造大脑，然后通过神经网络算法分析识别环境特征，理解周边的交通参与者状态，给下游规划提供原始输入，甚至可以通过大模型一步到位直接做出决策规划。而大模型好坏的核心还是性能和体验，体现在每次决策的成功率，而成功率就是用带有真值的大数据训练出来的，是大数据让模型的判断能力不断提升，朝着正确的方向收敛。大数据闭环和大模型的循环迭代是人工智能前进的驱动力，通过人工或自动在海量大数据中判断做得好或者不好的案例，固化为真值，反复灌输正确示范和不良避免案例，通过仿真对大模型进行去伪存真的反复训练，保留其核心能力，补充弱势能力。谁能用最小的代价获取海量高质量真值数据，以及设计具备高质量自学能力的端到端大模型，谁将率先获取自动驾驶的终极武器，通过成功之门。

通过与人类驾驶员对比的方式，可以快速地理解机器开车的基本逻辑，从系统的整体了解输入、输出，以及系统内部各子模块的功能。其实某种程度来讲，对于技术的理解力本身要比对于模块的精深更具有普适性，从感知、融合、定位、决策、执行全栈了解各个模块，以及懂得端到端模型的技术趋势，更有助于在一个模块深耕。在本书的后续章节将详细拆解每个子模块的功用和开发特点。

2.2.2　系统开发的关联件

整车开发过程包含造型、底盘、动力、车身电子、自动驾驶、智能网联、车身、内外饰、制造工艺等子模块，自动驾驶几乎和每个模块都息息相关。

造型设计与自动驾驶传感器工程布置要求的矛盾，在多传感器融合方案下更加凸显，甚至成为外观造型设计的主要矛盾之一。以华为ADS2.0为例，一共27颗传感器，包含激光雷达、毫米波雷达、摄像头、超声波雷达⊖，每个传感器的布

⊖　超声波传感器在业内习惯称为"超声波雷达"。

置都有自己的布置约束调节，比如位置、角度、遮挡，以及对覆盖面材料、曲率和厚度等也有一定的要求，无疑是给造型戴上了枷锁。在传感器安装布置的过程，内外饰模块要考虑前后保险杠的安装刚度；车身要考虑激光雷达的安装位置和方式；制造工艺要考虑工厂安装作业情况，要满足拆装作业基本空间，以及传感器工厂标定设备的可兼容性。底盘和动力是自动驾驶加减速、变道、换挡的执行器，就像手和脚，车身电子系统要给自动驾驶提供车身状态，以及车辆附属器件的控制，比如转向灯、刮水器和除雾等。智能网联则承担着人机交互的重大任务，提供丰富的文言、图像、声音交互。总之自动驾驶和造型、底盘、动力、车身电子、自动驾驶、智能网联、车身、内外饰、制造工艺等系统都具有不可拆分的密切联系。

在上述系统中，对自动驾驶影响最多的还是底盘、动力以及智能网联系统。人驾模式下手脚配合通过变速杆、转向盘、加速和制动踏板对车辆进行控制，自动驾驶是怎么实现的呢？

先讲制动，简单来说车辆减速是靠增加轮端阻力限制车轮转动来实现的，最早是依靠驾驶员踩下制动踏板然后将力量通过机械装置传递到轮端进行制动，需要力量大，产生效果小；再到后来使用助力器加液压伺服制动，只需更小的制动踏板踩踏力，就能产生更大的效果。既然有了液压伺服系统，那我们是不是可以跳过机械制动踏板和助力器，直接给液压伺服装置一个电控信号，来实现液压阀的通断、加压，最终施加期望的轮端力矩呢？

答案是肯定的，通过 CAN 网联直接给液压伺服控制器发送所需的电控指令信号，就可以让液压伺服系统输出期待的响应，产生期望的轮端制动力矩。早在 20 世纪 90 年代，博世就提供了解决方案，上层 ECU 提供减速度信号做输入，系统通过动力学建模，把减速度信号分解为所需的液压缸压，再对应到轮端制动力矩上来实现制动。控制原理简单理解就是 PID 比例微分积分控制，通过调参来改变控制系统的响应曲线，来满足上层控制目标，主要的指标有响应时间、死区时间、超调量、动态误差、稳态误差等。

既然上层给出减速度就可以实现减速，那么如果上层给的是加速度，是不是可以实现加速呢？不同的是，加速就不能只通过控制液压伺服装置来实现了，必须能控制动力装置。燃油车时代就是发动机的控制，这里就又多了一层转换，我们能不能跳过加速踏板信号，直接给发动机发指令信号控制发动机的输出功率呢？答案也是肯定的。人驾的时候是通过踩下加速踏板，将物理信号转化为电信号给到发动机控制器，根据标定响应曲线，发动机可以控制对应的喷油和点火策略，改变动力输出；而跳过物理踏板后，我们需要直接给一个虚拟加速踏板信号给发动机控制器。掌管制动的 ESP 承担了这个任务，从此加、减速集一身，整体掌管了整个车辆的纵向控制，这一控制就垄断了将近 30 年，从 20 世纪 90 年代起的 ACC（自适应巡航）开始，一直到现在都还有车企在用加/减速度接口调用 ESP 的方式进行纵向控制。

随着电动化和智能化的发展，某些技术实力较强的新势力车企对车辆动力学模型有了更成熟的建模和控制经验，同时对横/纵向控制的要求也越来越高。他们发现如果上层域控制器发送了加/减速度执行，ESP 本身还需要再通过供应商的动力学建模再分解一次到力矩控制，上层已经有动力学模型了，这完全是多此一举，并且多出来的传递链路会造成信息的延迟和失真。比如上层本来已经通过动力学模型算出所需的轮端力矩了，还要再转换为加/减速度指令，然后加/减速度执行再被另一个控制器用另一套方法还原成轮端力矩，那倒不如上层控制器一步到位直达"病灶"，直接发出轮端力矩，ESP 只需要做液压模型来响应力矩。这样传递链路大大减少，其控制精准度、时效性，以及后续可以继续修改优化的空间都会大幅提升。在此背景下，ESP 的控制主流方式将会从加速度变为力矩，事实也是如此。

这同样也适用于横向转向控制，也可以一步到位发送转向盘力矩给转向电机控制器来实现转向、变道等控制。按照运动学原理，可以直接发转向盘转角作为控制量，也可以用转向盘转向力矩作为控制量，这两种控制量的差异在于动力学模型在自动驾驶控制器还是转向控制器。如果期望的是转角，那就需要 EPS 控制器把转角根据动力学模型换算为所需要的力矩。上层期望的是角度，但执行的时候又被下层的控制器转化了一遍，出来的力矩执行完未必完全是上层想要的转角，所以一些技术实力较强的 OEM，会跳过供应商的 ECU，直接发力矩请求让 EPS 只做简单执行，减少中间变量，来保证上下层的高度统一。

最后是电子挡位控制，同样也可以越过人手对变速杆的机械操作，直接给到挡位控制器一个虚拟信号，直接进行换挡操作。可以看到，自动驾驶控制车辆的前提是与整车车辆的执行系统都要有直接的控制信号接口，一般是用成熟的 CAN 协议在控制器间传递信号。而在挡位控制和加速控制上，电动车要比燃油车具有优势，响应速度快，配合简单，而燃油车的离合、制动、挡位控制，在切换时机上具有更高的配合要求，需要做大量的标定开发，否则就容易产生顿挫、点头的不良体验，甚至熄火。从车辆运动控制这个角度来讲，电动车是更优的载体。

智能网联模块承担的是自动驾驶 HMI 交互任务的联合开发，HMI 是人与自动驾驶系统之间的桥梁，它向驾驶员提供关于车辆状态、环境感知和系统操作的信息，并接收来自驾驶员的指令和反馈。一个良好设计的 HMI 能够提高驾驶员对车辆行为的理解，增强对车辆控制的信心，并最大限度地减少驾驶员与自动驾驶系统之间不必要的交互或误解。同时 HMI 设计应该考虑到驾驶员的需求和心理特征，以提供尽可能流畅和直观的用户体验，这包括界面的布局、颜色搭配、字体大小等方面的设计。

整体来讲，HMI 既要让驾驶员清楚地知道当前系统功能运行的状态，又要赋予驾驶员控制的权力。

1）信息呈现：HMI 应该能够向驾驶员清晰地呈现车辆的状态、周围环境的情况以及系统的操作状态，包含系统的工作原理和决策过程，以增强驾驶员对系统的信任和理解。例如功能的运行状态（不可激活/待激活/运行中/故障中）、周边的障碍物、自动驾驶规划路径等信息，这些信息都需要自动驾驶控制器通过 CAN 网络或者以太网的方式传递给智能网联控制器（图 2-4）。

2）交互设计：让驾驶员方便地与自动驾驶系统进行交互，包含开关功能、调整行驶模式、调整灵敏度、功能使用前的引导、输入目的地、功能使用过程的操作指导，以及对系统的决策进行中断或人机共驾的反馈。

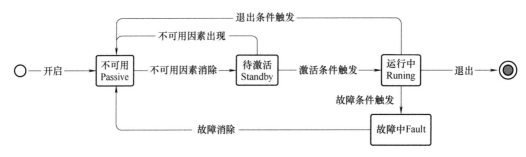

图 2-4　自动驾驶状态机设计示意图

3）警告和提醒：HMI 需要及时地向驾驶员传递重要信息，包括警告、提醒和建议。例如，当系统需要驾驶员介入时，HMI 应该能够及时而清晰地向驾驶员发出警告，包含文言、图片示意、声音报警、语音提醒，以及转向盘振动等触觉提醒。

2.2.3　功能握手逻辑和性能体验打磨

设计自动驾驶系统中的系统间交互逻辑和性能约束是确保整个系统协同工作的关键部分。相关系统间的交互设计、系统性能指标分解、整体性能集成，是自动驾驶系统工程师跨系统协作开发的三部曲。

首先要明确各系统模块的职责、功能，并匹配相关的输入和输出物理量，通过系统间的接口定义打通系统间的交互，包括系统模块之间的交互协议和通信规范，例如数据格式、状态量的定义、物理量编码和解析方式、消息传递和校验机制、错误处理等方面的内容。然后，定义各系统的性能约束，这也是后续判断联调解耦的标准，包括响应时间、精度要求、数据后处理能力等，这些性能约束将直接影响系统的实时性和可靠性。最后需要大量的实车体验来发现问题，并通过调整控制逻辑和控制参数的方式不断优化性能问题，逐渐将功能打磨到成熟的状态。

通过以上步骤，系统工程师可以设计出具有高效的系统间交互逻辑和符合性能约束的自动驾驶系统，从而实现各个功能模块之间的协同工作，提供稳定而可靠的自动驾驶体验。

2.3 零部件设计

2.3.1 传感器信号的频域分布

人类驾驶员主要通过视觉、听觉以及体感状态来感知周围环境，其中信息量最丰富的就是视觉输入，经过大量的训练，人类可以依靠 2D 的图像信息，获取到 3D 的立体世界。特斯拉的纯视觉路线也是依靠这种仿生思维来设计的，其核心技术是要用大模型算法来模拟人脑的复杂运算，从长远来看是难而正确的事，并且在 FSD V12 上首次使用端到端大模型后整体性能得到了大幅提升，进一步验证了这条道路的正确性。但不可否认的是视觉的鲁棒性差，容易受环境影响，以及对模型技术的算法能力要求特别高，在当下这个阶段，特斯拉以外的其他车企主流方案依然是多传感器融合方案。

多传感器融合一般是指把摄像头、毫米波雷达、超声波雷达和激光雷达的感知信息进行融合。在工程技术领域，大量信息和特征存在频域范围内，如图 2-5 所示，可以参考 ISO 20473 从频域角度看下一自动驾驶各种传感器的频谱分布情况。

1）车载毫米波雷达通常工作在 24~79GHz 频段，当前新量产毫米波雷达频率范围一般是 77~79GHz，相比于 24GHz 雷达，频率更高、测量精度也更高，成为行业内的共识。雷达能够探测目标物体的位置、速度和方向，适用于各种天气条件和光照情况下。

2）摄像头工作在可见光和红外光谱范围内，可见光的频率范围大约在 400~750THz 之间，红外光频率范围通常约 30~400THz。摄像头通过捕捉图像和视频来感知环境，能够提供高分辨率的视觉信息，但在低光条件或恶劣天气下表现可能较差。

3）激光雷达工作在红外光谱范围，通常使用 905nm 或 1550nm 的激光，对应的频率约 331THz 和 194THz。通过发射激光束并测量其反射来获取精确的三维地图和环境信息，对于精确的距离测量和地图构建非常有用。

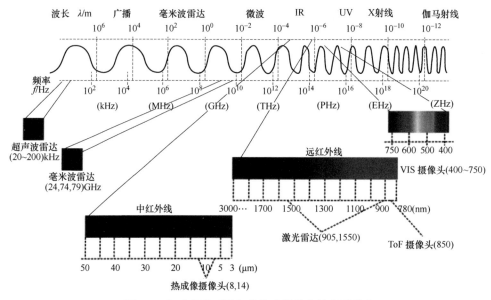

图 2-5 自动驾驶系统各类传感器信息的频谱分布

4)超声波雷达工作在超声波频段,一般在 20~200kHz 之间。超声波雷达通常用于近距离障碍物检测,例如在泊车或低速行驶时,能够提供距离和方向信息。

广义上来讲,自动驾驶系统的传感器除了摄像头和雷达,还包括 GPS 定位信息、惯性导航定位单元(Inertial Measurement Unit,IMU),以及导航地图信息。其中 GPS 信号也可以用频域特征来分析,最常用的是 L1 频段(1575.42MHz)和 L2 频段(1227.60MHz),L1 频段用于标准定位和导航服务,L2 频段用于提供高精度的定位和导航服务。GPS 无线电信号在经过天线接收后转化成数字信号,经过各级放大器传输到控制器进行结算,获取到当前的位置信息和时间戳等,用来给车辆提供绝对位置信息,后续章节会有详细介绍,在此不做赘述。

2.3.2 各种传感器的基本原理

1. 摄像头

摄像头无法主动发送光信号,只是被动接收外界光信号,属于被动式传感器。它的输入是三维世界的光,输出二维图像,核心元器件是光学透镜和 CCD/CMOS 等。光电传感器可以根据光的强度堆积电荷产生对应的电信号,再通过放大和处理将电信号转化成数字信号。需要注意的是摄像头本身以及透镜投射的时候会产生畸变，使用的时候需要用内参和外参进行标定校准。

简而言之，摄像头的输入是外界环境光线，同时也包含了不同频域的颜色特征，摄像头的输出是原始的 2D 图像。其一般工作过程如下：三维世界的光源或者反射光，经过透镜投射到二维的感光元器件上；感光元器件会输出一定格式的原始数值，每种格式可以理解为一种编码格式，比如 RGGB 格式，就会记录对应通道的数值矩阵，每种颜色和数值矩阵一一对应，这样就记录了图像和色彩；对应格式的矩阵数值经过通信协议传递给控制器进行解析，经过逆变换可以得出一张 2D 的原始图像。由于透镜在透光时会产生畸变，这时还需要一组参数来校正畸变，成为外参标定，同时摄像头自身组装时也会存在安装误差，也需要一组参数来校正摄像头本身的安装误差，成为内参，内参的检验标准是将图像坐标重投影到世界坐标时满足误差限值。控制器的视觉感知模块会根据 2D 图像，以及摄像头的内参外标定参数，经过算法模型的运算输出在世界坐标系中目标的类别、位置、速度等信息，达到感知和识别的目的。

摄像头各模块组成见表 2-2，主要包含光学镜头、CMOS 芯片、ISP 模块、串行器、电源模块和机械本体等。其中决定摄像头性能最核心的元器件是感光元器件，它从物理源头上决定了图像感知质量，目前感光元器件芯片供应商主要有安森美、索尼、豪威等。前端的光学镜头和后端的 ISP 处理等部分，也对图像质量有较大影响。另外需要关注摄像头制造工艺、无尘环境以及高精机械设计，来保证光轴精度，减少光学传递环节的信号损失。

自动驾驶摄像头的主要供应商有舜宇光学、联创和欧菲光等。作为自动驾驶方案最主流的传感器，随着高阶自动驾驶技术的普及和光电传感技术的提升，近年来装车量大幅增加的同时，摄像头性能参数也不断随之提升。在做摄像头选型时，要考虑的核心技术参数见表 2-3。

安装布置和功能应用方面的要求如下：

1）行车摄像头包含前视、后视和侧视摄像头，通常前视摄像头安装在前风窗玻璃，后视摄像头可以安装在背门或者上车体，侧视摄像头通常安装在后视镜或翼子板附近位置。

表 2-2 摄像头各模块组成

模 块	子 模 块	内 容 介 绍
光学组件	镜头	透镜是摄像头的核心部件之一，负责将光线聚焦到图像传感器上，形成清晰的图像。透镜的设计影响着摄像头的视场角、焦距和光学性能
	滤光片	用于过滤和调节光线的颜色和波长，以获取所需的图像信息。常见的光学滤波器包括红外滤波器、紫外滤波器、可见光滤波器等
电子部分	图像传感器 Image Sensor	图像传感器是摄像头的核心部件，负责将光信号转换为电信号。常用的图像传感器包括 CMOS（Complementary Metal-Oxide-Semiconductor）和 CCD（Charge-Coupled Device）等，它们能够捕获图像并转换为数字信号
	图像信号处理器 ISP Image Signal Processor	摄像头的 ISP 是摄像头内部的一种特殊芯片或模块，负责对从图像传感器获取的原始图像数据进行处理、优化和增强，以生成高质量的最终图像或视频输出，包含去噪和降噪、色彩校正和白平衡、曝光控制和动态范围优化、锐化和增强、图像压缩和编码，最终目的是提供高质量、清晰度和色彩准确度的图像输出，满足各种应用场景的需求
	电子组件	包括摄像头的控制电路、信号处理电路、接口电路等。它们负责控制摄像头的工作状态和参数设置，处理图像数据，并将图像信号输出到外部设备
	插接器	插接器用于外部供电和对外的图像传输
机械部分	壳体、镜头罩	用于保护摄像头内部的电子元件和光学部件，同时提供安装和固定摄像头的支架

表 2-3 摄像头选型核心技术参数

核 心 参 数	参 数 介 绍
视场角	摄像头可观察到的范围，通常以水平和垂直角度表示。广阔的视场角有助于覆盖更广泛的区域
分辨率	影响图像的清晰度和细节捕捉能力。较高的分辨率通常意味着更清晰的图像，但也需要更大的存储和处理能力
帧率	每秒传输的图像帧数。高帧率有助于捕捉快速移动的物体和实时场景，提高系统对环境变化的感知
动态范围	指摄像头能够捕捉的亮度范围，通常以对比度表示，较宽的动态范围有助于在不同光照条件下获取更多细节，通常高动态范围 HDR 的标清产品不小于 60dB，高清产品不小于 85dB

(续)

核 心 参 数	参 数 介 绍
低光性能	在光线较暗的条件下（如夜间、隧道中）保持图像质量的能力，对于夜间驾驶或恶劣天气条件下的自动驾驶系统尤其重要
LED 闪烁抑制	通过延长曝光时间解决 LED 闪烁导致的图像缺失问题，在识别红绿灯、电子限速牌等方面起到关键作用
像素数量和大小	像素数量越高，摄像头的分辨率就越高，能够捕捉到更多的细节和更清晰的图像。像素大小是指单个像素的物理尺寸，通常以微米（μm）为单位。像素大小决定了摄像头的光感性能和低光性能，较大的像素可以更好地捕捉光线，提供更好的低光性能，但可能会牺牲分辨率，较小的像素可以提供更高的分辨率，但在低光条件下可能会引入更多的噪声

2）泊车摄像头指前后左右四颗全景影像摄像头，一般前后摄像头布置在前后保险杠，左右两颗布置在后视镜基座上。

3）车内监控摄像头布置在转向盘、A 柱或者地图灯位置。最基本的安装要求包含 XYZ 三个位置坐标，PRY 三个角度约束，以及 FOV 和遮挡的校核，布置的目的还是满足功能需求，根据功能使用范围和性能要求最终确定所需 FOV 范围。

最后总结自动驾驶摄像头传感器的优势和不足。其优势主要体现在成本低、视觉信息丰富以及轻量化三个方面：

1）成本效益：摄像头传感器通常比其他传感器（如雷达或激光雷达）成本更低，这使得它成为自动驾驶系统中的经济有效的选项。

2）视觉信息丰富：摄像头能够提供丰富的视觉信息，包括颜色、形状、纹理等，这对于环境感知和识别其他车辆、行人、交通标志等至关重要。

3）轻量化：摄像头相对较轻，安装灵活，对于汽车的外观和设计没有太大影响，也不会增加额外的负担。

其不足主要体现在受光线影响大、深度信息不足以及存在隐私和数据安全问题：

1）对光照敏感：摄像头在极端光照条件下（如强光、反光、阴影等）可能表现不佳，这可能会影响图像质量和目标检测的准确性。

2）有限的深度感知：摄像头通常只能提供二维图像信息，对于实现全方位的深度感知优先，需要具有更高技术门槛的占据网络算法，以及端到端大模型来弥补 3D 信息的缺失。

3）隐私和数据安全问题：摄像头收集的大量图像数据可能涉及隐私和安全问题，需要采取措施保护用户的隐私和数据安全。

2. 毫米波雷达

雷达（Radio Detection And Ranging，Radar）的最初作用是无线电检测和测距，车载 Radar 之所以被称为毫米波雷达，是因为给车载 Radar 分配的主流波段是 77GHz，波长都处于毫米的级别。广义上来讲，工作频段处于 30GHz~300GHz，对应波长 1~10mm 的都属于毫米波。

毫米波雷达属于主动式传感器，通过天线主动向周围环境发射窄波束的电磁信号，当发射的电磁波与周围物体相互作用时，部分电磁波将被物体反射，并返回到雷达系统；雷达系统接收到反射信号后，通过接收天线接收并放大这些信号，通过分析反射信号的时间延迟、相位变化和幅度变化等信息，系统可以确定物体的距离、速度和方向等特征信息；毫米波雷达系统将获取的目标信息与车辆当前位置和方向等信息结合起来，生成周围环境的模型。这个模型可以帮助自动驾驶系统做出正确的决策和规划行驶路径。

其中 3D 雷达可以测算距离、速度、方位角，4D 雷达可以测算距离、速度、方位角和高度（垂直角）。其基本测算原理如下：

1）通过时延测距：根据发送电磁波和接收电磁波的时间延迟，来测算与目标的距离。

2）通过频移测速：根据发送和范围电磁波的频率差，根据多普勒公式计算出目标的径向速度。

3）通过相位测算角度：根据信号的相位信息和天线布置的尺寸信息，用三角测量计算方位角和垂直角。

简而言之，毫米波雷达的输入是周边世界的反射波，输出是目标的距离、速度、方位角和垂直角，同时还可以根据目标的 RCS 值和运动特征，对目标进行分类。接下来再分析毫米波雷达的硬件组成（表 2-4），毫米波雷达主要由射频天线、

MMIC（放大器、混频器、功率放大器、频率合成器、控制器）、数字处理模块、天线罩、插接器和壳体组成。

表 2-4 毫米波雷达核心元器件

模 块	子 模 块	内 容 介 绍
电子部分	发射器和接收器	发射器和接收器负责发射和接收电磁波信号
	天线	天线负责将电磁波信号发送到特定区域，通常将天线设计成具有指向性的窄波束，以提高雷达系统的空间分辨率和检测范围
	射频前端和信号处理	射频前端和信号处理模块包括一系列的射频放大器、混频器、滤波器等，用于对信号进行放大、频率变换和滤波，以及通过数字信号处理技术对接收到的毫米波信号进行处理和分析，以提取目标物体的特征和参数。这包括距离测量、速度测量、方向测量等功能，通常通过数字信号处理技术来实现
	控制单元和电源系统	控制单元模块负责控制整个雷达系统的工作状态和参数设置，它通常包括一个微处理器或微控制器，用于实现雷达系统的控制逻辑、数据处理和通信功能。电源系统负责为整个雷达系统提供所需的电源供应
	线束端子	插接器用于外部供电和对外的信号传输，3D 雷达一般采用 CAN 或 CANFD，4D 雷达会配备以太网接口。
机械部分	壳体、天线罩	用于保护雷达内部的电子元件和天线部件，同时提供安装和固定雷达的支架

其中核心天线控制芯片的主要供应商是恩智浦、英飞凌、德州仪器、意法半导体等，主流的毫米波雷达供应商，如博世、大陆、安波福、森斯泰克等的天线芯片基本来自以上几家。无论自动驾驶控制器还是传感器的设计，都是围绕着核心控制芯片来做软硬件设计，如何把一代产品做到性能达标、成本优异、制造品质可靠，是每个制造企业的追求，当然还要伴随着体系的营销能力和服务能力，才能让好产品遍地开花，被更多主机厂使用。

那么如何判断哪个供应商的毫米波雷达性能更佳呢？下面介绍它的核心参数，毫米波雷达是一种利用毫米波进行探测和测距的雷达系统，其核心性能参数见表 2-5，包含探测范围、分辨率、带宽、波束宽度、发射功率、接收灵敏度、天线通道和抗干扰性等。

表 2-5 毫米波雷达选型核心技术参数

核 心 参 数	参 数 介 绍
探测范围	探测范围指的是雷达系统能够覆盖和监测的空间范围,通常用横纵向角度范围和距离表示
分辨率	距离分辨率指其能够分辨两个目标之间的最小距离间隔,更高的距离分辨率意味着雷达系统能够更好地区分距离较近的目标;速度分辨率指其能够分辨目标速度的最小变化量,较高的速度分辨率可以提高雷达系统对目标运动状态的判断能力;角度分辨率是指雷达系统能够区分两个相邻目标或回波之间的最小角度间隔,高角度分辨率可帮助系统识别不同类型和形状的目标,从而实现更精准的目标分类和识别。通常来讲,频率越高分辨率越高,带宽越大分辨率越高,波束宽度越窄分辨率越高,天线通道数越多分辨率越高
带宽	带宽是指其工作频率范围内所能传输的信号频率范围,带宽越大,系统的目标分辨能力、抗干扰性能越好
波束宽度	毫米波雷达的波束宽度决定了其在空间中的覆盖范围和精度,通常情况下,波束宽度越窄,雷达系统的定位精度越高
发射功率	毫米波雷达的发射功率影响了其探测距离和穿透能力,更高的发射功率通常意味着更远的探测距离和更好的障碍穿透能力,但也会增加能量消耗和系统复杂度
接收灵敏度	毫米波雷达的接收灵敏度决定了其对目标反射信号的接收能力,较高的接收灵敏度可以提高雷达系统在复杂环境下的性能表现
天线通道	天线通道的数量和布局对于雷达系统的性能和应用具有重要影响,更多的通道可以提高系统的灵敏度和覆盖范围,同时也会增加系统的复杂度和成本
抗干扰性	抗干扰性是指雷达系统对外部干扰的抵抗能力。在车辆周围存在各种干扰源,如其他雷达系统、无线电信号等,良好的抗干扰性能可以保证系统的稳定性和可靠性

最后总结毫米波雷达的优势和不足。毫米波雷达传感器具有以下优点:

1)适应性强:毫米波雷达在各种天气条件下都能工作良好,不受雨、雪、雾等天气因素的影响,相比于光学传感器更加稳定可靠。

2)高精度:毫米波雷达能够提供高精度的距离和速度测量,对于自动驾驶系统的环境感知至关重要。

3)长距离探测:毫米波雷达可以在较长距离上进行目标检测和跟踪,对于远距离障碍物的探测非常有效。

4)不受光照限制:与光学传感器不同,毫米波雷达不受光照变化的影响,因此在夜间或恶劣光照条件下也能提供可靠的数据。

然而，毫米波雷达传感器也存在一些限制，包括以下几点：

1）角分辨率受限：毫米波雷达的角分辨率通常较低，可能难以区分目标，以及无法提供足够细节的目标信息。

2）成本较高：相比于一些其他传感器，毫米波雷达的成本较高，这可能会影响系统的整体成本。

3）多径反射和物识别：在隧道栏杆等金属较多的位置容易产生多径反射，以及对于金属路面、低矮路牌等道路设施可能会产生误识别。

3. 激光雷达

车载激光雷达是一种主动式环境感知的传感器，通过发射激光扫描周围环境，光束和目标相交反射、回波接收，然后对回收波形进行处理，计算出每个点的距离和方向信息，其中每个点代表一个探测到的目标或障碍物，多个点的信息同步计算后，最终生成 3D 点云。通过测量光线从发射到接收的时间延迟计算距离，通过记录发射光束的方向和接收到的回波的方向来计算角度，从而实现目标的空间定位。激光雷达精准地补足了摄像头在深度计算方面的不足，可以通过点云进行三维世界的还原，识别通用障碍物，判断可行驶空间。

从激光雷达的波长上，可以分为 905nm 和 1550nm 两种方案，由于 1550nm 的波长可以被液态水吸收，对人眼的安全性更高，因此可以做到比 905nm 的激光雷达功率更大、精度更好，但另一方面 1550nm 的成本更高。从激光雷达的光束扫描方式上可以分为机械式、半固态和固态雷达，目前车载激光雷达基本是半固态激光雷达。机械式的体积较大、噪声较大、稳定性可靠性低，固态激光雷达的探测距离低、成本高，目前主流的方案还是半固态雷达，基本上通过振镜、转镜等方式对光束进行扫描发出。从激光雷达的测算原理上，可以分为 TOF 飞行时间法测量距离，以及 FMCW 调频连续波的方式，通过对接收和发射波形进行混频，利用相位的时延测距离，用频率的变化测速度，还可以通过特定的发射和接收装置，对目标点进行三角运算来测量距离。

其硬件组成见表 2-6，主要包含激光发射模块、激光扫描模块、激光接收模块和数据处理模块四个核心部分。其中，发射模块又可以拆分为半导体激光器、准直镜、扩散片和分束器等；扫描模块则是由旋转电机、扫描镜和微振镜组成；接收模块包括光电探测器、透镜、滤光片和分束器等；最后一个是数据处理模块，核心的元器件是信号放大器、数模转换单元、FPGA 处理单元和电源模块等。

表 2-6 激光雷达核心元器件

模 块	子 模 块	内 容 介 绍
电子部分	激光发射模块	激光雷达的激光发射模块通常包括一个或多个激光发射器，用于产生激光束。这些激光发射器通常采用半导体激光器（如激光二极管）或固体激光器来产生激光
	激光扫描模块	为了实现对周围环境的全方位扫描，激光发射模块通常与扫描系统结合使用。扫描系统可以是机械式的，使用旋转镜或其他机械部件来改变激光束的方向；也可以是固态的，采用电子控制的方法来直接改变激光束的方向。通过这种方式，激光发射模块可以在水平和垂直方向上扫描周围环境，从而获取完整的三维地图数据
	激光接收模块	激光接收模块通常包括一个或多个接收器，用于接收经过环境反射的激光信号。这些接收器通常是光电二极管（Photodiode）或光电探测器（Photodetector），能够将光信号转换成电信号
	数据处理模块	接收到的激光信号经过放大、滤波和时序控制后，需要经过数据处理单元进行数字化处理，将其转换成数字数据以进行后续的数据处理和分析。数据处理单元通常包括模数转换器（ADC）等组件，用于将模拟信号转换成数字信号
	电源系统	电源系统是确保其正常运行的关键组成部分，它提供所需的电能以驱动激光发射模块、激光接收模块和其他相关的电子设备，并通过稳压器、备用电源系统、电源管理单元和电源过滤器等组件来确保系统的稳定性、可靠性和安全性
	线束端子	插接器用于外部供电和对外的信号传输，激光雷达一般采用以太网接口
机械部分	壳体、玻璃罩	用于保护激光雷达内部的电子元件，同时提供安装和固定的支架

作为自动驾驶和环境感知系统的重要组成部分，激光雷达具有许多核心性能参数，这些参数对于评估其性能和功能至关重要。激光雷达的核心技术参数有点云密度、分辨率、测量范围、扫描角度、测量精度、抗干扰能力、刷新率和发射功率等，见表 2-7。

第 2 章 自动驾驶专业基础知识

表 2-7 激光雷达选型核心技术参数

核心参数	参数介绍
点云密度	点云密度表示激光雷达在获取环境数据时所生成的点云数量。较高的点云密度意味着更丰富的环境信息,有助于更准确地识别和定位目标
分辨率	分辨率是指激光雷达能够在空间中检测和测量对象的精度,通常以距离和角度为单位来衡量,高分辨率意味着激光雷达能够准确地识别和测量目标的位置和形状
测量范围	测量范围是指激光雷达能够检测到目标的最远距离。这个参数直接影响到激光雷达的应用范围和实际使用情况
扫描角度	扫描角度是指激光雷达能够在水平和垂直方向上进行扫描的范围。较大的扫描角度意味着激光雷达能够覆盖更广泛的区域,提供更全面的环境感知能力
测量精度	测量精度是指激光雷达测量结果与实际值之间的偏差程度。高精度的激光雷达能够提供更可靠和准确的环境感知数据
抗干扰能力	抗干扰能力是指激光雷达在面对光照、天气等外界干扰时的表现。优秀的抗干扰能力可以保证激光雷达在各种复杂环境下稳定工作
刷新率	刷新率是指激光雷达单位时间内对环境进行数据采集和更新的频率。高刷新率可以提供更实时的环境感知能力,有助于实现快速的决策和反应
发射功率	激光雷达的发射功率影响了其探测距离和穿透能力。更高的发射功率通常意味着更远的探测距离和更好的障碍穿透能力,但也会增加能量消耗和系统复杂度

激光雷达最显著的优势就是可以获取高精度的点云数据,从而深度还原 3D 环境,给自动驾驶系统提供明确的深度信息,识别通用障碍物,判定可行驶区域,为避障算法提供了强有力的感知输入信息。其显著的不足是成本较高,体积较大,需要安装在车辆的顶部或者其他显眼的位置,这可能影响车辆的外观设计和空气动力学性能;同时,激光雷达对于明亮的光线和强光照的环境比较敏感,可能会出现反射或者遮蔽现象,影响传感器的性能。

4. 超声波雷达

超声波是一种机械波,其频率高于人类能听到的声音频率(20kHz),通常为 40kHz、48kHz 和 58kHz 三种频率。这种振动通常是通过压电效应或磁致伸缩效应来实现的。超声波雷达是一种利用超声波进行探测和测距的技术,其基本原理是利用超声波在空气或其他介质中的传播特性,通过发送超声波信号并接收其反射信号来确定目标物体的距离、方向和速度。

超声波雷达测距的基本过程如下：

1）超声波的发射：超声波雷达系统通常包括一个发射器和一个接收器。发射器会发出超声波信号，通常通过压电材料产生，这些信号以脉冲的形式发送出去在空气或其他介质中传播，并在遇到物体表面时发生反射。

2）接收反射信号：接收器接收到被反射回来的超声波信号。接收器通常也是利用压电效应，将接收到的超声波信号转换为电信号。

3）信号处理：接收到的电信号会被放大和处理，以便分析目标物体的性质，如距离、形状、速度等。

4）距离测量：通过计算发射超声波到目标物体和接收反射信号之间的时间延迟，可以确定目标物体与超声波雷达的距离。这个过程利用了声波在介质中传播的速度和时间的关系，即距离等于时间乘以声速。

5）角度和方向测量：通过使用多个发射器和接收器，进行三角运算可以确定目标物体的方向和角度。

超声波雷达最早用于检测车辆后方障碍物，显示障碍物的距离，当距离达到一定阈值时触发警告功能。随着自动驾驶技术的发展，自动泊车开始使用超声波雷达做车位检测和泊车过程的避障，以及和视觉信息进行融合泊车，目前主流的方案是配置12颗超声波雷达做自动泊车辅助功能：4颗放在前保险杠用于前方障碍物的检测，4颗放在后保险杠用于后方障碍物的检测，还有4颗放在左右两侧，用来检测侧面的可达空间做车位的识别和判断。

超声波雷达在自动驾驶系统中具有重要的价值，主要体现在以下方面：

1）高精度近距离检测：超声波雷达能够在低速和近距离范围内对周围环境进行有效的障碍物检测，探测周边低矮障碍物，并测算出障碍物的位置，弥补了视觉、毫米波等近距离盲区的问题。

2）鲁棒性强：超声波雷达可在车辆周围进行全方位的环境感知，不受光照、天气等因素的影响。它可以检测到一些视觉传感器可能无法识别的障碍物，如逆光情况下的低反射物体或者障碍物后的隐藏物体，从而提高自动驾驶系统对周围环境的感知能力。

3)成本效益高:超声波雷达通常与其他传感器(如摄像头、激光雷达、毫米波雷达等)相结合,以提供更全面和可靠的环境感知。但相比于其他传感器(如激光雷达或摄像头),超声波雷达的成本较低,这使得它成为一种经济实用的选择,特别适用于自动驾驶技术的普及和商业化应用。

超声波雷达的硬件组成通常包括以下几个关键组件:

1)超声波发射器:超声波发射器是超声波雷达的核心部件之一,负责产生超声波信号。它通常是一个压电陶瓷晶体,当施加电压时会产生振动,从而发射超声波。超声波发射器的设计和性能直接影响到雷达的发射功率、频率和方向性。

2)超声波接收器:超声波接收器用于接收从目标物体反射回来的超声波信号,通常也是一个压电陶瓷晶体,能够将超声波信号转换成电信号。接收器的设计和灵敏度影响着雷达对目标的探测距离和精度。

3)信号处理电路:接收到的超声波信号经过信号处理电路进行放大、滤波和调制等处理,以提高信号质量并提取目标距离信息。信号处理电路还可能包括时序控制、数字转换等功能。

4)控制器:控制器是超声波雷达的主要控制单元,负责控制超声波发射和接收的时序、频率和幅度,以及接收到的信号处理和数据输出。控制器还可能包括微处理器、数字信号处理器(DSP)等组件,用于实现更复杂的功能和算法。

5)外壳和支架:超声波雷达通常需要安装在车辆或设备上,因此需要具有适当的外壳和支架结构,以保护传感器免受环境的影响,并确保传感器的稳定性和可靠性。

超声波的核心元器件主要被国外芯片巨头垄断,国内企业主要是基于芯片的周边电路设计,以及上层应用功能设计,主流供应商有博世、大陆、法雷奥、同致、豪恩等。芯片选型的趋同化导致产品最终的形态大致相当,各家供应商的核心竞争力更多体现在性能参数调校、制造工艺的可靠性、生产质量管理水平等过程。在这里也梳理下超声波雷达的核心参数,表2-8所列为超声波雷达的核心技术参数,主要有探测范围、探测角度、分辨率、探测精度、环境适应性和抗干扰能力。这些核心性能参数是评估车载超声波雷达系统性能和功能的重要指标，厂商和研发人员通常会根据实际需求和应用场景来选择适合的超声波雷达产品。

表 2-8　超声波雷达选型核心技术参数

核心参数	参数介绍
探测范围	超声波雷达能够探测的最大距离范围。这个参数直接影响到系统的应用场景和能力，需要确定超声波雷达能够有效探测到的最大距离，以确保在泊车场景下能够及时检测到周围的障碍物
探测角度	超声波雷达能够覆盖的角度范围。较宽的探测角度意味着更广泛的覆盖范围，有助于提高系统的环境感知能力；尤其是在侧面和后方，以确保系统能够全方位地探测到周围的障碍物
分辨率	超声波雷达的空间分辨率，即能够识别和测量的最小距离差异。较高的分辨率有助于更精确地检测到障碍物的位置和形状
探测精度	超声波雷达的探测精度指标，即其探测结果与实际情况之间的偏差。高精度的超声波雷达能够提供更准确的距离和方向信息
环境适应性	超声波雷达在不同环境条件下的性能表现，包括光照、天气、温度等因素的影响
抗干扰能力	超声波雷达系统对外部干扰的抵抗能力，如其他超声波源、环境噪声等对系统性能的影响程度

作为泊车系统的必备传感器，超声波的优点很明显，首先是成本低廉，超声波雷达相对于摄像头、毫米波和激光雷达来讲，成本最低，单颗成本只有20~30元，这使得它成为一种经济实惠的选择，适用于量产车型的泊车系统。同时超声波雷达通常具有较低的功耗，这使得它在车辆泊车系统中能够长时间稳定运行，对续航能力的影响很小。另外超声波雷达通常具有较小的体积和简单的安装要求，可以方便地安装在车辆的前、后、侧等位置，提供全方位的泊车辅助功能。

其缺点主要是探测距离有限、分辨率低、存在盲区，以及容易受干扰。超声波雷达的探测距离通常较短，对于远距离的障碍物可能无法有效检测到，这限制了其在高速行驶中的应用。另外，超声波雷达的分辨率通常较低，难以精确识别和测量较小的障碍物，尤其是在复杂环境中，如密集停车场。此外由于存在盲区，在盲区内容易漏检障碍物，并且超声波雷达容易受到环境因素的影响，如温度、湿度和材料反射率等，这可能会影响其探测精度和稳定性。从感知结果上，超声波雷达通常只能提供距离信息和有限的三角定位方向信息，无法识别障碍物的具体类型或形状，这可能会限制其在一些复杂场景中的应用，需要和视觉传感器融合使用。

综上所述，超声波雷达作为泊车系统的传感器具有成本低廉、低功耗、便于整车布置等优点，但也存在探测距离有限、分辨率较低、盲区存在且无法提供目标识别信息等缺点，因此在选择时需根据具体应用场景和需求进行权衡和选择。

5. 高精地图与高精定位

高精地图是一种用于支持自动驾驶系统的特殊地图类型，既可以实现传统导航的地图检索、道路规划、指引染色等功能，还包含给机器使用的更加详细和精确的道路元素，这些地图不仅包含了道路的基本几何信息，还包括了道路的精确位置、宽度、标志、交通信号、路口拓扑结构以及周围环境的丰富信息，如建筑物、树木、路缘等。高精地图通常由地图提供商通过使用激光雷达、摄像头、卫星图像等传感器进行大规模数据采集和处理而生成。

高精地图要和高精定位配合使用，常用的定位方式有全球导航卫星系统（Global Navigation Satellite System，GNSS），比如GPS、北斗、GLONASS、Galileo等，可以提供全局的定位服务，获得经纬度信息，是自动驾驶系统中最常用的定位技术之一，并且常配合差分定位技术获得更高的精度。虽然GNSS可以提供相对精确的位置信息，但在城市峡谷效应等复杂环境中可能存在信号遮挡和多路径效应，影响定位精度。于是还需要配合另一种定位估算系统，即通过惯性测量单元测量实际车辆的加速度和角速度来估计车辆的运动状态，称为惯性导航系统。此外，还会利用摄像头或激光雷达等视觉传感器，通过识别路标、道路标线和周围环境等特征来匹配高精地图实现定位，最后还可以将GNSS、惯性测量单元、视觉、激光等多种传感器的数据进行融合，利用传感器之间互相校准和互补的特性来提高定位精度和鲁棒性。

车载独立惯性测量单元是一个六自由度惯性测量单元，在笛卡儿坐标系三个正交轴的轴向分别有三个加速度计，在绕正交轴旋转的方向上分别有一个陀螺仪，其中加速度计可以测算车辆加速度，陀螺仪可以测量旋转加速度，利用加速度以及加速度的积分估算出车辆的姿态，在时间维度的积分测算出车辆的相对定位信息。值得注意的是，由于积分操作会导致误差的累积，因此惯性测量单元通常还需要进行校准和误差修正，以提高测量的精度和稳定性。

1）加速度计原理：加速度计是一种用于测量物体在三个空间轴（x、y、z）上加速度的传感器，其基本原理是利用牛顿第二定律，即力等于物体质量乘以加速度，用检测物体所受的力并除以其质量来计算加速度，而轴向力的测量则是通过微机电结构的变形转换为电信号，然后对信号放大处理来实现测量。

2）陀螺仪原理：陀螺仪是一种用于测量物体绕其三个空间轴（x、y、z）旋转的角速度的传感器，其基本原理是利用旋转惯性，即物体绕某一轴旋转时会产生惯性力，通过测量这种惯性力来确定物体的角速度。现代陀螺仪也是利用微机电系统中的微小振动转化成电信号，然后对信号放大处理来实现测量。

当前高精地图的主要供应商有百度、高德、四维图新、易图通、Here、TomTom等，他们占据了市场的主要份额。当前主流方案仍然是基于高精地图和高精定位的视觉雷达多传感器融合方案，消费地图的逻辑是用先验知识来补足视觉感知和规划控制的技术限制。随着视觉能力的提升以及对快速扩展ODD的迫切需求，使得对地图的需求会逐渐下降，从2023年H2已经开始逐渐推行大范围去高精地图。以终为始来看，高精地图是为了保证用户体验的过渡产品，就像人类驾驶一样，只需要导航地图提供基本的道路级地图和定位即可，其余还是要依靠感知和大模型决策。

2.3.3　各种传感器的优劣势

回顾总结下摄像头、激光雷达、毫米波雷达、超声波雷达等主流传感器的优劣势。

摄像头相对于激光雷达等传感器成本较低，并且摄像头能够提供丰富的视觉信息，如颜色、形状、纹理等，对于物体识别和场景理解很有帮助。它借助BEV和Transformer，占用网络以及大模型能力的不断提升，对深度信息的感知能力越来越强，是自动驾驶最重要也是使用最多的传感器。但是摄像头受光照条件的影响较大，在强光、暗光等环境下可能表现不稳定，在复杂的环境中，如雨雪天气或强光反射下，摄像头可能难以准确识别物体，而且它无法直接测量距离，需要通过计算和处理图像来估计物体的距离和位置。

激光雷达具有高精度和高分辨率，能够提供非常精确的距离测量，通常具有毫米级别的测距精度，同时能够生成高分辨率的三维点云地图，直接给出深度信息，可准确地描述周围环境的形状和结构，快速构建周边三维世界，给自动驾驶系统提供可靠的可行驶区域和障碍物指示。而且激光雷达的工作原理不受光照条件的影响，适用于各种环境。但是激光雷达整体成本高且体积大，限制了其在大规模应用中的普及，随着规模的增加和技术的迭代，后续激光雷达的成本会继续下降，体积也会减小。另外，激光雷达对于低反射率、透明物体等场景可能存在盲区，同时激光雷达通常需要较高的功耗，可能对电池供电的自动驾驶车辆造成一定负担。

毫米波雷达适用于各种天气条件，受雨雪等恶劣天气条件的影响较小，适用性较广，且通常能够提供较高的角分辨率，有助于识别物体的轮廓和形状。但是毫米波雷达对物体材料敏感，毫米波对于不同材料的反射率有一定的敏感度，可能导致误差，在隧道、铁板路、栅栏多的场景容易造成鬼影误制动。受制于天线通道和数据处理能力，当前主流的毫米波雷达仍然无法分辨雷达散射截面积（Radar Cross-Section，RCS）较小的一般障碍物。这里提到的雷达散射截面积，是描述目标物体对雷达信号的反射特性的一个参数，通常受到目标的形状、尺寸、材料、方位、入射角度等因素的影响，目标的 RCS 越大，它就越容易被雷达探测到。

超声波雷达可以说是应用数量最多的自动驾驶传感器，其成本相对较低，主要适用于近距离检测，对于泊车、倒车等场景有较好的效果。其测算精度不高，且受环境影响大，超声波在不同材料和温度环境下的传播速度变化较大，可能影响测距精度。

GPS 用于确定车辆的全球位置，而惯性测量单元则用于测量车辆的加速度、角速度和方向，因此惯性测量单元用于车辆定位和轨迹推算。高精度地图提供了详细的道路几何和地标信息，可以弥补视觉定位的不足。

从车型项目实战上，根据是否使用激光雷达，主流高阶自动驾驶的传感器可分为视觉方案和融合方案两类。

视觉方案的特点是轻感知、重模型，只做视觉信息的输入决定了传感器的 BOM 成本低，但要依靠复杂的神经网络模型，对图像的色彩、纹理、亮度等特征识别到动静态目标和深度信息，模型设计难度高、数据采集标注和模型训练的费用高，并且当前机器的神经网络和人类仍然不在一个量级，目前阶段仍然很难突破高阶自动驾驶。而且仅靠纯视觉方案的鲁棒性确实差，容易受到外界环境的干扰，据悉特斯拉下一代方案会使用 4D 毫米波雷达来提升鲁棒性。

多传感器融合方案的特点是重感知、轻运算，采用多传感器后融合来增强对周边物体的识别。但随着国内新势力的逐渐应用 BEV 和 Transformer，目前本身纯视觉的能力也已经有了质的提升，此时继续选择使用毫米波雷达和激光雷达，更多是为了突破高阶自动驾驶和提升系统可靠性，同时也可以获得更强的功能体验。毕竟激光雷达直接给到的 3D 点云信息，比用摄像头做深度估计来得更直接和精准。

从技术上来讲，融合方案可以通过多种传感器取长补短获取更精准的环境感知结果，以及在雨雪雾等恶劣环境下具有更好的鲁棒性，产生兼听则明的效果；但从车型投资来讲，多传感器会较大增加 BOM 成本，同时也会给车辆造型提出更高的挑战，一定程度上会影响造型面的美观性；从发展趋势上来讲，视觉方案会是不变的主旋律，同时毫米波雷达和激光雷达随着成本的降低，以及高阶自动驾驶的商业落地，作者判断视觉和激光雷达的融合方案会长久并存。

2.4　软件开发核心技术

自动驾驶系统的硬件上已经高度趋同，除了部分头部主机厂的自研超算芯片，其他全部都是市场统一的商业化供应产品，大家都可以买到同样规格的摄像头、激光雷达、毫米波雷达、超声波雷达、惯性测量单元、GNSS 和 RTK 服务。而这个时候，真正的比赛才刚刚开始，同样的硬件各家的自动驾驶出品却千差万别，甚至硬件更少的自动驾驶系统却可以功能更丰富、体验更优，背后的核心差异是什么呢？一个是产品设计能力，属于招式；一个是软件研发能力，属于内力。只有内外齐发才能推出好的体验，打造好的产品，转化成卖座的商品，从而构建出"护城河"。

在自动驾驶软件开发中，通常会涉及以下三个主要层次的软件：

1）底层软件：自动驾驶系统的基础支撑部分，主要负责与硬件进行交互、管理系统资源以及为上层应用提供稳定可靠的运行环境。硬件驱动管理方面要确保各类传感器的驱动和数据获取。在操作系统各管理层面要负责任务调度、内存管理和终端处理等，确保系统高效运行，同时还要分配CPU、内存和存储资源等，以满足各模块的需求。

2）中间件：连接底层软件和应用层软件的桥梁，负责数据传输、消息通信、状态管理等功能。汽车行业常用的资源管理中间件是AUTOSAR，它提供了一套标准化的软件架构和接口，方便不同厂商的软件模块集成，提高了软件的可移植性，同时还能提供可靠的功能安全和信息安全保障。常用的通信中间件是面向实时系统的DDS，它可以提供高可靠性的实时数据传输服务。

3）应用层软件：自动驾驶系统的核心部分，负责感知、决策和控制等高层功能。这一层的软件通常包括感知模块、路径规划与决策模块、控制模块等，它们基于中间件提供的数据和功能进行开发。应用层软件使用各种算法和技术，如深度学习、机器学习、路径规划算法、控制算法等，来实现自动驾驶车辆的感知、决策和行驶控制。

这三个层次的软件共同构成了自动驾驶系统的技术架构，各层次之间相互配合，共同实现自动驾驶车辆的功能和性能要求。当前最激烈的战场在应用层软件，在于数据、算法，自动驾驶软件的终极目标是依托大数据和大模型，来实现无限接近人脑运算的机器运算。

在可预见的范围内，大模型机器不会超过人脑，但把时间维度拉长，预计机器大模型终将超过90%的人类驾驶员。人类的优势在于神经元数量，据统计人类的大脑神经元数量为8.6×10^{10}个，而目前自动驾驶的神经网络对应的神经元数目为百万量级，智能水平和泛化水平远低于人类。但是在自动驾驶系统丰富的传感器，以及海量数据不断训练、持续迭代追赶的情况下，人脑神经元数量的优势将会被缩小。目前的机器大模型已经初步展示了智力涌现能力、自标定自学习能力和跨领域迁移能力,理论上机器学习具有无限寿命,时间越长机器越有优势。

从技术上来讲,融合方案可以通过多种传感器取长补短获取更精准的环境感知结果,以及在雨雪雾等恶劣环境下具有更好的鲁棒性,产生兼听则明的效果;但从车型投资来讲,多传感器会较大增加 BOM 成本,同时也会给车辆造型提出更高的挑战,一定程度上会影响造型面的美观性;从发展趋势上来讲,视觉方案会是不变的主旋律,同时 Radar 和激光雷达随着成本的降低,以及高阶自动驾驶的商业落地,预计视觉和激光的融合方案会长久并存。

2.4.1 感知和融合算法

在前文有关零部件设计的章节已经提到了各种传感器的基本原理和输出内容,简单来说摄像头输出的是原始图像,毫米波雷达输出目标列表和属性,也可以支持输出原始点云,超声波输出基本回波信息,并且通过回波计算的物体距离和方位,而激光雷达则是输出 3D 点云,IMU 和 GNSS 可以明确当前绝对位置和惯性导航推算。这些信号的感知和融合是整个自动驾驶的核心上游技术,它让车辆明白自己在哪里,以及重构周边的 3D 世界,明白周围有什么,接下来根据目的地和导航信息,自然可以生成全局路径和局部路径,从而系统地回答了我在哪里、到哪里去、怎么去的问题。

摄像头的感知技术经过 2D 到 3D 的发展,通过 BEV 和深度学习算法,可以让摄像头获取周围目标位置、类型、距离、速度等信息,是自动驾驶感知的主要感知方式;毫米波雷达更多是辅助探测更远距离的移动目标,而激光雷达是为了探测周边的不规则障碍物。但是当视觉感知算法能力足够智能的情况下,理论上可以摆脱对雷达的依赖,相当于人类的视觉和大脑系统,当前车载摄像头遍布车身,并且越来越高清,某种程度上来讲,已经达到了眼观六路的状态,某种程度上比人类眼睛可以获取更多的信息。也就是说,瓶颈不在"眼睛"而是在于"大脑",至少当前的视觉感知网络距离人脑还是差一个量级的存在,当前的人工网络神经元数量和人类的神经元数量也至少差了一个量级。随着人工智能能力的不断提升和占据网络的不断发展，在不远的将来，自驾的视觉能力很可能会有大幅度提升，甚至会超过普通人类的视觉和理解能力。

视觉感知的发展情况，整体呈现以下特点：

1）BEV逐渐成为自动驾驶视觉感知系统的标配模式，从个别车企的领先技术走向从业必备的普及技术，多个摄像头协同建立更强的空间理解能力，识别效果远远高于单帧摄像头的识别结果。

2）视觉的3D感知能力，即通用障碍物识别能力会得到大幅提升，甚至可以达到替代激光雷达的水平，可以极大程度地提升对不规则障碍物的识别能力，大幅减少视觉感知识别的Corner case（边缘场景）。

3）语义理解能力逐步增强，对各种红绿灯、交通标志、特殊标识，甚至文字信息都能进行识别和理解，类人能力会成为下一个技术增长点，以帮助自动驾驶系统获取人类感知会识别、理解、应用的信息。

除了视觉感知，另外一个核心传感器就是激光雷达，它可以直接获取周边世界的3D物理坐标，通过激光雷达的点云信息可以简单、方便地构建周边三维物理世界，快速识别到哪里是可行驶区域，哪里不可行驶。在纯视觉感知没有那么强的时候，激光雷达识别的信息是一剂强心针，通过硬件补强，快速补足软件识别能力的短板，从而清晰地获取到周边动态和静态障碍物，尤其是静态障碍物，给自动驾驶车辆的行驶和规划提供了非常重要的信息输入。随着激光雷达成本的大幅降低，后续高阶自动驾驶上仍然会使用激光雷达来弥补纯视觉感知能力鲁棒性不足的问题。例如雨天、夜晚和直射等情况下，摄像头效果会大打折扣，但如果可以和激光雷达做融合来兜底，则可以大幅提升感知能力的下限。

什么是自动驾驶感知融合？感知融合是指通过综合多个传感器的数据，生成比单一传感器更准确、可靠和全面的环境理解。众所周知，不同传感器在不同条件下有各自的优缺点，感知融合算法可以根据传感器特性，在不同情境下分别汇集各种传感器的优势，以达到最优的感知结果输出。例如，摄像头在可见光条件下能提供高分辨率图像，但在低光或强光下性能会受到影响；激光雷达提供精确的距离和三维结构信息，但在雨雾天气可能受限；毫米波雷达则在各种天气条件下都能稳定工作。通过融合这些传感器的数据，可以提高感知系统的冗余度和可靠性，确保在各种环境下都能获得稳定的感知结果。

另外，单一传感器的数据可能存在盲区或信息缺失，感知融合通过结合来自多个传感器的信息，弥补各个传感器的盲区，生成更全面和完整的环境模型。例如，摄像头和激光雷达的数据可以结合，生成详细的三维场景，包括物体的颜色和形状信息。另一方面，每种传感器都有其固有的噪声和误差，通过感知融合，可以减小这些噪声和误差，提高整体感知系统的精度。例如，通过卡尔曼滤波器或粒子滤波器等算法，可以对多传感器数据进行优化和校正，以减小感知误差。

感知融合过程包括多传感器数据收集、数据预处理、特征提取、数据对齐、数据融合，其特点如下：

1）多传感器数据收集：自动驾驶车辆配备多种传感器，如摄像头、激光雷达、毫米波雷达、超声波传感器、GPS 和惯性测量单元。这些传感器不断收集周围环境的原始数据。

2）数据预处理：预处理步骤包括对传感器数据进行过滤、校准和同步，以确保数据的质量和时间一致性。其中，滤波可以去除传感器数据中的噪声和干扰；校准环节可以校正传感器的误差，以确保数据的准确性；同步过程是指各传感器的时间同步信息，让不同传感器的数据需要在时间上对齐，以确保数据融合时的准确性。

3）特征提取：从预处理后的传感器数据中提取关键特征，包括图像特征，如边缘、角点、纹理等；点云特征，如点的密度、曲率、法向量等；还有目标物体的运动特征，如物体的速度、加速度等。

4）数据对齐：由于不同传感器的视野、分辨率和采样频率不同，需要将数据对齐到同一坐标系中。首先是空间对齐，这个过程使用传感器的外参，将不同传感器的数据转换到统一的三维坐标系中；然后是时间对齐，确保数据在同一时间点上进行处理，通常通过时间戳和插值方法实现。

5）数据融合：对齐后的多传感器数据进行融合，以生成综合的环境理解。这一步通常采用多种算法和模型，例如卡尔曼滤波（Kalman Filter，KF）常用于融合动态传感器数据,特别适用于跟踪移动目标;粒子滤波(Particle Filter,PF),适用于处理非线性和非高斯分布的数据;贝叶斯网络(Bayesian Networks,BN),用于概率推断和不确定性处理。最后是深度学习模型,例如卷积神经网络(Convolutional Neural Networks,CNN)和递归神经网络(Recurrent Neural Network,RNN),用于处理和融合高维传感器数据。

6)环境建模:通过融合后的数据,构建车辆周围的三维环境模型。这个模型包括静态和动态物体的信息,如道路、建筑物、行人、其他车辆等。静态建模可生成高精度的地图,包括道路标志、车道线、交通标识等;动态建模可以实时跟踪和预测动态物体的位置、速度和运动轨迹。

多感知融合是实现安全、可靠、高效的自动驾驶系统的基础技术,在自动驾驶从无到有的发展过程中,推动了自动驾驶技术的不断进步和成熟。

2.4.2 控制决策和路径规划

基于感知和融合构建的环境模型,结合车辆自身位置、目的地和当前运动状态,自动驾驶系统需要对车辆控制做出行为决策和路径规划。行为决策的主要任务包括加减速、变道、超车、跟车、停车、避障等,当前主流的算法仍然是基于规则的方式,但在不久的将来基于大模型的端到端策略将会成为主流方式,当中会有2~3年的过渡期,必须确保端到端大模型的各项仿真KPI和实车测试效果优于规则后才能真正大面积应用。

行为决策的关键步骤主要是情景识别、策略选择和算法决策。通过感知系统,识别当前的交通环境和状况,如前方车辆、行人、交通信号灯、道路标志;通过车身内部传感器和通信信息了解当前车辆的状态,包括位置、速度、加速度,从而明确当前的驾驶情景;再根据情境识别的结果,选择合适的驾驶策略,例如,在高速公路上可能需要决定是否超车,在城市道路上,可能需要处理红绿灯和行人过街等情况;最后还要考虑安全性、交通规则、乘坐舒适性和驾驶效率。

在算法决策层面,基于规则的方式一般使用决策树实现行为判断。首先明确不同情境下的驾驶动作,例如,在跟车状态下,如果前车减速,自动驾驶车辆也需要相应减速,如果加速,那么车辆也应该在不超过限速的范围内进行加速,这里更多的是基于规则的控制算法。在自动驾驶头部车企的方案中,通过深度学习和强化学习模型,让自动驾驶系统在大量驾驶数据中学习最佳决策策略,特别是在复杂和动态的交通环境中,这里是决策的发展方向,通过端到端大模型实现快速高质量的决策。

而决策结果会直接影响接下来的路径规划,路径规划是通过计算车辆从当前点到目标点的最优路径,这条路径需要同时考虑安全性、效率和乘坐舒适度。自动驾驶的核心能力就体现在行为决策和路径规划上,安全性、效率和舒适度综合评分最高的自动驾驶,就是业内最强自动驾驶产品。

什么是路径规划呢?路径规划是在行为决策的基础上,为车辆生成具体的行驶路径。路径规划不仅要保证安全性和法律合规,还要考虑行驶的平稳性和效率。路径规划的关键步骤如下:

1)全局路径规划是指从起点到终点的整体路径规划,通常基于高精度地图和全局导航信息,要考虑道路类型、交通规则、路径长度和通行时间等因素。

2)局部路径规划是指在全局路径规划的基础上,根据实时感知信息进行细化和调整。局部路径规划需要处理动态障碍物、突发情况和复杂交通环境。常用方法包括动态窗口法(Dynamic Window Approach,DWA)、快速扩展随机树(Rapidly-exploring Random Tree,RRT)等。

3)轨迹生成是指将路径规划的结果转换为具体的行驶轨迹,包括车辆的速度、加速度和转向角等。一般使用多项式拟合、样条曲线等数学方法生成平滑的轨迹,确保车辆行驶的平稳性。

4)优化与调整是指根据车辆的实时状态和环境变化,持续优化和调整路径,考虑道路拥堵、突发障碍等因素,实时调整车辆轨迹。一般通过模型预测控制(Model Predictive Control,MPC)等技术,优化路径和控制策略,确保最优行驶性能。

当前主流的决策和规划算法,还是基于规则的方式,这种方式会面临泛化性不足,以及多个规则相互冲突的尴尬境地。修修补补、解 A 出 B 的模式,代码维护量大且优化效果的边际效应递减,最终会导致投入产出不足,甚至改不动的状态,某种程度来讲基于规则的决策和归控算法已经成了自动驾驶能力快速成长的瓶颈。

近年来随着大模型能力的不断提升,目前头部 OEM 已经开始投放和应用端到端决策机制,大模型的应用给自动驾驶开辟了新的路径,打开了新的空间。依靠大模型加数据闭环的方式可以实现更快的性能迭代,以及更拟人化的控制。如果用一句话总结大模型的核心优势,那就是"人在回路",自动驾驶车辆可以在后台分析和学习人类驾驶方式,在人力接管和更优处理的方式做深度学习和对齐,逐步逼近人类驾驶员的驾驶模式。这种方式可以让机器能力快速地对齐人驾能力,通过海量高质量数据的闭环,通过一系列的迭代,可以让机器迅速达到并超越普通驾驶员的驾驶水平。

除了端到端大模型的核心技术比拼,自动驾驶的另一个战场是无图化,这里的"无图"并不是完全无图,而是去掉高精地图,只用普通的导航地图。简单来讲就是人用什么信息,机器就用什么信息,在获取基本一致信息的情况下,主攻自动驾驶的大脑能力。它能够迅速地通过三维感知能力和时空预测能力,以及车载导航地图的主干道路信息、红绿灯信息等,实现准确的决策和规划。其背后的核心能力是实时建图,利用普通导航地图、GPS 定位加感知定位,在局部实时构建可比肩高精地图的三维世界。高精地图方案是车跑在高精地图里用感知避障,无图方案则是车跑在实时感知里只是依靠导航地图规划行驶路径,这是拟人化开发的另一个重大突破。端到端大模型加上无图能力,最终使得自动驾驶能力达到极致的拟人化,极致的泛化能力、成长速度、空间。理论上自动驾驶可以实现和"老司机"一样的能力:有路就能开。

总之,自动驾驶的行为决策和路径规划是实现自主驾驶的核心环节,涉及从高层次策略选择到具体轨迹生成的全过程。通过多种先进的技术和方法,这两个环节相辅相成,共同确保自动驾驶车辆能够在各种复杂交通环境中安全、高效地行驶。

2.4.3 运动控制算法

自动驾驶中的运动控制(Motion Control,MC)模块是确保车辆按照规划路径行驶并在实际道路条件下安全和稳定地运行的核心部分。运动控制的原理是根据车辆动力学建模,可以把规划轨迹分解成目标控制矩阵,通过对位置、速度、加速度、角度、角速度、角加速度的控制,让车辆按照规划轨迹行驶。通俗来讲,就是通过控制纵向力矩和转向盘转矩使车辆按照期望轨迹行驶。

运动控制模块主要分为纵向控制和横向控制。纵向控制负责调节车辆的速度和加速度,以确保车辆按照规划的速度行驶。通常采用经典 PID 控制,或者模型预测控制(Model Predictive Control,MPC),用于调节加速和制动,通常包含加 / 减速度接口或者力矩控制接口。加 / 减速度的控制方式更多是由底盘 ESP 来分解整体驱动力矩和制动力矩,上层对加 / 减速度以及速度进行闭环控制。近年来更多的主机厂开始将纵向控制的动力学模型放在上游,并直接输出整车加 / 减速力矩值,仅由 ESP 和 VCU 进行执行,大幅提升了舒适性,同时也减少了对供应商的依赖。

横向控制负责调节车辆的方向,使其沿着规划路径行驶,一般有角度控制模块和力矩控制模块两种方式。过去更多的是角度控制接口,由 EPS 执行器把角度分解成力矩,做整体的控制闭环。而随着自驾能力的提升,更多主机厂开始用力矩接口进行控制,以获取更多的自由度,减少对底盘供应商的依赖,同时大幅提升了横 / 纵向控制的准确度和舒适性。

如图 2-6 所示,运动控制模块是一种典型的闭环控制系统。上游规划模块将车辆的加 / 减速度和转向盘控制角度发给运动感控制模块,分解成执行指令后下发给执行器,然后观测执行情况,计算传感检测装置反馈数据和给定量的插值,来动态控制系统,直到进入响应的稳态。以纵向制动控制为例,比如上游下发了 $-0.15g$ 的减速度,运动控制模块根据动力学模型,将加 / 减速度分解为制动系统的制动力,然后将制动力传递给 EPS 进行制动减速,然后自动驾驶控制器会检测整车的纵向减速度值,与期望的 $0.15g$ 进行对比,根据偏差再次更新控制量,从而达到动态平衡,实现一次标准制动动作。实际算法会比原理更复杂,比如在一些特定的速度情况下,前馈控制也被用来预先补偿已知的外部风阻等扰动,提升整体控制的精准性和稳定性。

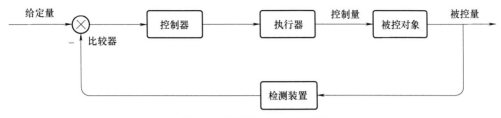

图 2-6 闭环控制系统示意图

这里的检测装置，就是指车身传感器数据，比如 GPS 可以获取绝对位置，惯性测量单元可以进行更精准的轨迹推算，车身加速度传感器和转向盘角度传感器等可以实时提供车辆加减速和转向的状态信息。有了这些检测值，再与期望状态进行对比，计算实际状态与目标状态之间的偏差，如加速度、速度误差、路径偏离误差等。最终根据偏差和数学解算生成控制信号，如油门开度、制动力度和转向盘角度，从而实现了实时的整车控制。

运动控制模块是极易感知的，制动是否柔顺、变道是否丝滑，是衡量自动驾驶成熟度的重要指标。一方面运动控制要能对上游路径规划进行路径跟踪，确保车辆沿着预定路径行驶；另一方面还要有足够的舒适性控制，保证驾驶的平稳性和舒适性，减少突然的加速、制动和转向，使整车行驶过程更加平滑，减少驾驶中的不适感。

实际道路中路况复杂，存在井盖、颠簸路面、凸起和凹坑等情况，车辆的动力学特性特别复杂，这就对运动控制模块带来了新的挑战。控制算法需要考虑非线性、时变等因素，适应不断变化的交通状况和道路条件，实现控制的准确性和稳定性，以确保在各种路况下不会出现转向盘摆动、振荡、加减速突兀。要求对控制算法和底盘机械特性具有充足的理解和专业性，以及丰富的工程开发和测试经验。同时在整车执行器和通信层面要考虑安全与冗余设计，以应对突发故障和异常情况，确保驾驶安全。

自动驾驶运动控制模块的关键在于其如何在纵向和横向控制上进行深入协同，实现"老司机"拟人化的加减速和变道体验。不久的将来，运动控制和上层规划控制会一起更新为大模型方案，通过"老司机驾驶行为"的大数据训练来逐步进行质的提升。值得一提的是，端到端大模型的上限很高但下限也极低，从基于规则到基于大模型的切换，还是需要一个逐渐过渡的过程。

2.4.4 大模型和大数据

特斯拉 2021 AI Day 是之前 2D/3D 模型向 4D 和模糊算法转变的分割点，随后众多自动驾驶科技企业开展了一轮轰轰烈烈的技术"军备竞赛"，逐渐从规则式算法，切换到模糊式的端到端大模型算法。从 2022 年主攻 BEV+Transformer，2023 年的 OCC 占据网络和无图化扩城之战，再到 2024 年的端到端大模型上车，自动驾驶行业的竞争进入白热化，技术迭代加快，产品迭代提速，在 L2 的框架下逐渐接近 L3 乃至 L4 的体验，距离日常用车点到点、驾驶过程零监管的目标越来越近。

整个自驾产品从能用到好用，最强的技术筹码就是端到端大模型，那么大模型是如何提升驾驶性能的呢？这种技术的核心优势是打破了多重规则约束的方式，增强了对物理世界的时空认知能力，可以识别更多特征进行道路信息的深度理解和驾驶行为的提前预判，使其具有更强的驾驶判断和路权博弈能力。同时也开始引入和学习"老司机"的驾驶方式，通过海量的人驾数据训练，使感知模型与规控模型合二为一，直接输出最符合人类驾驶方式的运动决策。通过"人在回路"弥补了 Rule base（基于规则）方案的不足，成为攻克 Corner case、解决长尾问题的重要补充方式。

什么是端到端大模型？

在自动驾驶领域，端到端大模型（End-to-End Model，EEM）是一种采用深度学习技术的方法，通过一个单一的神经网络模型直接从原始输入数据，如摄像头图像、雷达数据等，来生成驾驶控制输出，如转向、加速和制动等。与传统的自动驾驶系统不同，端到端大模型不需要明确的分层架构，不需要区分感知、规划和控制模块，而是通过大量的训练数据和深度神经网络来学习复杂的驾驶任务。

相对于当前主流的基于规则的算法开发，端到端大模型的特点是模型统一、数据驱动和上限更高。使用深度学习的大模型架构，可实现输入传感器原始数据，直接映射到加减速、转向等控制指令的输出。虽然当前端到端还存在一段式和两段式的差异（两段式会把感知和规控分别放在一个模型里，一段式则是完全同一个模型），但未来的终局一定是将感知、决策和控制模块完全合并。

每个神枪手都是子弹喂出来的，如果把大模型比作狙击手，数据驱动就是子弹和靶标。一旦大模型和大数据的"双擎"开始启动，自动驾驶的智能化将开启全新的台阶，甚至有种要掀起第四次工业革命的味道，主打就是智能化。这里的大数据主要来源是真实驾驶数据，包括摄像头图像、激光雷达数据、车辆控制信号（如转向角、加速、制动）。依赖大量的驾驶数据进行训练，模型通过学习这些数据中的模式来生成驾驶决策。然后使用大规模的计算资源，通过监督学习方法，以驾驶数据中的控制信号作为目标，训练神经网络模型，利用深度学习技术提取特征。由于采用深度神经网络，模型可以捕捉复杂的环境特征和驾驶行为。这种海量数据和大模型合起来就是一套专家系统，让自动驾驶机器人持续进化，只要不停电，它可以一天24小时全年无休地进化，用无限的智能硅基生命来对抗有限的碳基生命。这是一场绝妙的比赛，就像阿尔法狗可以击败人类冠军棋手一样，假以时日，自动驾驶机器人有机会打败95%以上的人类驾驶员。

总而言之，端到端大模型在自动驾驶领域代表了一种创新的方法，它是AI能力迈向真实世界控制的通道，通过深度学习技术和大数据，可以无须事先定义数据结构，而直接从传感器原始数据输入中自动提取特征，直到生成符合预期的驾驶控制指令。虽然这种方法具有简化系统架构和学习复杂模式的优势，但也面临数据需求质量问题、可解释性和泛化能力等挑战。从结果上来看，它会大幅提升自动驾驶能力和拟人化体验。

什么是大数据？如何理解大数据业务的开发和管理逻辑？自动驾驶业务领域的大数据指的是由自动驾驶汽车产生，进行采集、标注、存储和处理的大量数据，用于模型的训练和开发的仿真。这些数据通常包括以下几类：

1）传感器数据：来自激光雷达、毫米波雷达、摄像头、超声波传感器等的原始数据，这些数据用于感知车辆周围的环境。

2）GPS数据：车辆的位置信息和运动轨迹，用于导航和定位。

3）车辆状态数据：包括车辆速度、方向、加速度、制动状态等数据，用于控制和决策的仿真分析。

4）用户操作数据：包括用户的驾驶习惯、偏好，以及自动驾驶过程中的干预介入等。

数据采集、数据存储、数据处理和清洗、挖掘高价值数据集、进行数据标注、形成标注真值、进行机器学习和模型训练、大规模仿真验证训练效果、软件算法迭代验证、释放到量产车型，这些环节相互关联形成闭环，共同构成了自动驾驶大数据业务的完整生态系统。核心的矛盾是如何花最少的代价，采集到最有业务价值的数据，需要从数据用途定义、科学的场景分类和定向数据采集能力、自动化回传和标注等多个维度共同保证数据采集的有效率。

自动驾驶竞争的三部曲是拼硬件、拼算法、拼数据。拼硬件的时代已经过去，目前处于拼算法和拼数据之间的过程，很快就将进入数据闭环的竞争。谁能够率先拥有足够量级的优质数据，比如驾驶员干预和操作的真值数据，谁就能率先训练出更优质的性能和可靠性，在思考和决策上更加贴近"老司机"的驾驶方式，从而给客户提供更优质的自动驾驶出行体验。

拼数据的过程，某种程度上是把车端计算的战场转移到中后台的云端超算，一定程度上取决于云端存储和超算平台的建设能力。特斯拉在2021年就发布了自建的Dojo超算中心；国内车企中，小鹏在2022年第3季度率先发布基于阿里云的扶摇超算中心，蔚来紧随其后在第4季度发布了基于腾讯云的蔚来云智算中心。数据闭环之战核心在于修炼内功，通过海量数据真值训练，使驾驶过程更加贴近人类思考过程；同时大数据还可以应用到仿真分析过程，通过增加仿真闭环验证，减少实车测试验证的投入，也是自动驾驶测试验证的发展趋势。下面章节会具体说明自动驾驶测试验证的逻辑和方法。

2.5 测试验证

自动驾驶测试是确保自动驾驶系统安全性、可靠性和性能的重要步骤，其主要目的是验证自动驾驶软件和硬件在各种条件下的行为表现，确保车辆能够在复杂和多变的环境中安全驾驶。

2.5.1 三种业务类型

测试工程师在整个开发过程中既是"运动员"又是"裁判员"。一方面作为"运动员"，测试的核心价值是帮助研发快速试错，追求用最小的投入、最短的时间，测试出尽可能全面的问题，从而加速软件开发迭代过程；另一方面测试也是最终性能评价的"裁判员"，这个版本做得好不好，其安全性、舒适性、通行效率等是否能够达到基本释放要求，都由测试员做最终宣判。

自动驾驶测试业务通常可以划分为三个主要模块：仿真测试、封闭场地测试、公开道路测试。

仿真测试是利用仿真环境对自动驾驶系统进行测试，模拟各种场景和情况，以降低测试成本和风险，包含 HIL、SIL、CarSim 和 CarWorldSim 等，通过在虚拟环境中创建测试场景，验证算法在特定场景和条件下的表现，通过测试过程中的数据评估系统性能和行为表现，用于支撑迭代开发。HIL 测试是通过将自动驾驶系统的软件部署到实际硬件上，并将其连接到模拟器或仿真环境来进行的，以模拟真实的车辆操作和环境条件。SIL 测试是在计算机上运行自动驾驶系统软件的测试方法，而不涉及实际的硬件组件，以模拟车辆的行为和环境条件，并生成虚拟的传感器输入，而不需要实际的硬件设备，用于评估自动驾驶系统的软件功能和算法，以及对不同场景和情况的响应能力。

CarSim 是一种可实现车辆动力学仿真的软件工具，主要用于模拟车辆的动态行为和运动特性，能够准确地模拟车辆在不同路面条件下的行驶特性，包括加速、制动、转向、悬架系统的响应等。CarWorldSim 是一种可实现基于虚拟现实技术仿真的软件工具，用于创建虚拟的车辆和道路环境，并模拟不同的驾驶场景，可以生成逼真的虚拟道路和城市场景，包括路面、交通标志、交通信号灯、建筑物等，用于测试自动驾驶系统在不同环境下的性能（图 2-7）。

图 2-7　虚拟道路环境仿真示意图

　　它可以通过搭建试验台架模拟车辆，进行功能逻辑验证、规划和决策算法验证、故障注入验证等，甚至可以在虚拟环境中创建各种 Corner case 场景，包含道路条件、交通状况和天气情况等，把场地测试和公开道路测试难以构建和捕捉的场景，通过虚拟方式进行预先评估。仿真的核心原理是，所有的传感器都可以被欺骗，机器本身无法区分到底是真实世界的输入还是仿真的输入，也就是说只要给的仿真数据足够真实（比如完全使用过往采集的传感器数据、车辆状态等），仅更新软件模块，就可以针对性地确认新软件是否可以提供更优的表现。这样就可以将一份高质量仿真场景库固化，代替实际的测试，仿真场景库更丰富，实际道路测试的比例就可以相应减少。

　　仿真性能达标后，为了保证人员和车辆的安全，会选择在封闭和受控的安全环境中进行测试，即封闭场地测试。通过复现仿真测试中的关键场景和特殊情况，验证在真实环境中的系统表现，其核心方法是通过人造场景来系统地验证功能边界能力，可以提升测试的针对性和效率。它包含基本功能测试、感知性能测试、规划决策性能测试，例如障碍物识别和避让的能力、特定弯道的通行能力以及特定场景的体验评价等。在场地中可以测试自动驾驶系统的基本功能，如加速、制动、转向、车道保持、自动泊车等,也可以评估系统的传感器在场地环境中的感知能力,如对交通标志、车辆、行人等的识别。

采用真实的车辆、传感器,以及真实的场景,确认车辆的行为和性能是否和仿真存在偏差,以及确认是否可以达到预期水平,通过迭代测试,直到通过场地测试放行标准,排除安全隐患后,才可以移行到公共道路测试。同时针对法规和第三方认证的测试,某种程度上都是封闭道路测试,在场地测试中,也会承担法规和标准符合性测试的内容,确保自动驾驶系统符合各国和地区的法律法规和行业标准。通过第三方摸底认证,保证可获得相关认证和许可,比如 CNCAP 的主动安全测试,需要在场地利用假人假车复现测试场景,这种必须在封闭场地进行测试。

公路测试的意义是提前模拟驾驶员,通过一定里程的积累提前发现潜在的安全和体验问题,对产品进行性能迭代提升。这个阶段的性能已经基本稳定,可以在真实的公开道路环境进行测试,涵盖各种真实世界的驾驶条件和交通状况,同时为了保证安全性,测试过程中有经过训练的安全驾驶员随时监控车辆行为,确保紧急情况下能够接管车辆。这个环节会收集丰富的真实世界数据,用于后续分析和模型改进,一般在真正交付顾客手中前会进行 100 万 km 以上的长期耐久测试,评估自动驾驶系统在长期运行中的耐久性和可靠性,识别和解决潜在的硬件和软件故障,提高系统的稳健性(比如传感器是否会发生失效)。同时这种测试会监控系统在不同气候、温度和路况条件下的表现,确保其环境适应性,比如雨雪雾和道路湿滑的情况下的表现如何,这些很难用仿真和场地模拟,只能靠大量的公路测试来保证。

根据开发的成熟度,可以将其分为单元测试、系统集成测试和整车性能验收测试。

单元测试针对一个特定的功能单元进行代码修改做的定向测试,比如自动驾驶的 CP 模块、SF 模块、BP 模块、MC 模块等,不受其他代码单元的影响,可以快速地验证局部修改的有效性。系统集成测试将各个模块或组件集成到系统中,并进行测试以确保它们之间的交互和协作正常,这有助于发现集成问题和依赖关系方面的错误,比如将 SF 的变更和 BP 的变更同时测试,确认多个变更的综合效果,防止相互组合产生负面效果。性能验收测试则是根据行车、泊车、主动安全等性能 KPI 来进行验收,比如行车的接管率、走错道、功能不可用等问题,又如泊车的车位释放率、泊车的时长、泊入的成功率和位姿合格率等,研发后期需要根据测试问题驱动研发迭代,不断打磨消除高优高频问题,最终达成交付 KPI。

2.5.2 四种基本手段

按照测试目的,可以把自动驾驶测试分为冒烟测试、回归测试、安全性测试和用户体验测试。

冒烟测试是在软件开发过程中的一种轻量级测试方法,目的是快速验证软件的基本功能是否正常,以确定软件是否具备进一步测试的条件。它通常是对软件的主要功能、关键流程和高风险部分进行简单测试,包括基本功能点检,比如自动驾驶泊车功能开启、搜索车位、选中车位、开始泊车、泊车完成挂 P 位退出泊车等基本运行检查。冒烟测试是软件开发中一个重要的质量保障环节,有助于快速发现明显问题,为后续更深入的测试奠定基础。

回归测试是软件开发和维护过程中一项重要的测试活动,是确保软件系统在不断演进和优化过程中保持稳定性和可靠性的重要手段。其旨在验证软件更新或修改之后,原有的功能和性能是否依然正常,确保新代码的引入不会引起任何已有功能的退化或故障,以保证修改内容的正确性、未修改功能的完好性,避免新代码引入导致旧问题再现。这里要求测试人员清楚具体的变更内容,并且根据变更内容确定合理的测试范围,制定专用测试用例,以及快速完成测试过程和问题分析,尤其是测试范围和测试用例的设计,这是一个测试团队核心能力之一,它直接决定测试的准确度、响应速度和资源投入。测试是设计出来的,是根据系统开发变更点、业务发展阶段、市场竞争态势等综合构思设计出来的,否则既没有重点又可能测试不全面,导致测试资源浪费、贻误战机。正所谓会测者一缕藕丝牵大象,盲测者千钧大棒打苍蝇。

安全性测试包含安全性功能验证、冗余和故障处理、模拟碰撞等,首先验证自动驾驶系统的所有安全相关功能,如避障、紧急制动、车道保持等,确保其能够按照预期工作。然后通过故障注入的方式，测试系统在关键部件（如传感器、控制器）失效情况下的表现，确保有冗余设计和故障处理机制。同时还会模拟突发事件以及潜在的碰撞场景验证其碰撞规避能力，包含提前预警、自动制动和转向等措施。这里对于可能导致碰撞的问题采用零容忍的方式，比如碰撞前车、加塞车辆、VRU 等，是目前自动驾驶的重中之重。而安全性和通行效率是一对矛盾体，过于重视安全通行效率势必下降，过于注重通行效率其安全性必定会打折扣，所以如何依据系统的软硬件能力打造一个兼具安全、效率以及舒适性的自动驾驶产品，是每个主机厂要研究的核心问题。

用户体验测试和安全性能测试一样，都是在公开道路完成的，通过内部测试、部分公开测试收集用户对自动驾驶体验的反馈，比如功能开启、调节、状态变化和人机交互提醒等，改进用户界面和交互设计；同时也会评估车辆在自动驾驶模式下的舒适性，包括加速、制动和转向等方面的平稳性，在不断地打磨中提升用户的信任感。产品打磨过程有三条线：可用、好用和爱用。用户体验测试解决的是"爱用"问题，代表着产品性能的天花板，也是产品设计的最终体验闭环环节；市场质量和安全解决的是"可用"的问题，保证不会产生大量质量问题和客户投诉；中间的"好用"则通过各种测试 KPI 来进行约束，它代表的是产品技术能力和用户需求的平衡点。

然而随着自动驾驶功能的迭代速度加快，车型开发越来越多，对测试也提出了新的挑战。整体大逻辑是要从实车实物测试转向云仿真阶段，通过云仿真的应用保证模型泛化能力，可以覆盖更多的 Corner case。整体来讲，不管是什么类型的测试，核心资产是高价值场景库和数据集的管理，这里类似大数据的概念。广义上来讲，测试只是获取大数据的手段之一，可以和数据采集过程复用工具链和云端服务器，测试问题的收集、存储和管理，基本上就是对应数据采集、清洗和存储的过程。测试积累的大量测试数据，也可以直接用来建立和维护包含各种测试场景和案例的场景库，从而使得自动驾驶的测试业务，进入数据驱动和闭环的逻辑，与大模型和大数据合并统一。

相对于中后台的大数据，测试数据则需要具备更高的响应速度，尤其是在客户容易感知和体验的问题上，应该能够快速地收集、分析、流转，快速将问题同步到多个角色和部门，包括测试团队、开发团队、产品团队等，以明确当前项目交付的问题和风险。所有的重点测试问题都应该被记录在问题管理系统中，并通过适当的渠道和流程进行沟通和协作，以确保问题得到及时的解决和反馈。KPI 达标以及重点问题全部关闭是功能交付的必备前提。

第 3 章　自动驾驶是复杂系统工程

首先建立一个认知，自动驾驶系统的本质是智能机器人在车端的应用，完全自动驾驶的终极目标是驾驶的安全性、舒适性和通行效率基本超过人类驾驶员，在一定的条件下具备替代人类驾驶员执行驾驶任务的能力，在从 A 点到 B 点行进过程中遇到任何复杂场景都可以自己处理，最终送达期望目的地。这套复杂系统工程的核心能力在于软件，而软件领先性依靠的是端到端大模型、海量数据训练机制，以及平台化和规模化的项目开发落地。谁能够用最小的代价，以最快的速度将自动驾驶端到端大模型训练到临界饱和状态，交付全速域车位到车位的自动驾驶功能，谁将率先到达胜利的彼岸。

3.1　系统工程和项目管理

3.1.1　什么是系统工程

科学是认识世界的方法，技术是改造世界的方法，而工程是将科学和技术落地的实践。自动驾驶系统开发和集成就属于典型的工程范畴，它的出发点和落脚点都是将软硬件技术开发落地，并实现市场终端的交付，向客户提供一套极具吸引力和竞争力的产品。而自动驾驶系统开发本身的复杂性决定了它不是简单的加减法，而是多种复杂学科跨专业跨领域的有机组合，自动驾驶工程包含产品形态调研和定义、系统功能设计、架构方案设计、零部件选型、详细功能逻辑定义、核心软件架构及算法代码设计与开发、测试迭代验证等各子模块，必须从系统的角度来审视整体的交付和各子模块的关系，这里就不得不提到系统工程。

系统工程是一门综合性的工程学科，它关注的是如何以系统化的方法来设计、开发和管理复杂的系统。其目标是在满足各种需求的前提下，优化系统的性能、成本、安全性、可靠性和可维护性等方面的指标，以达到整体最优。它强调通过着眼全局目标来指导模块开发，通过结果目标来指导过程任务的分解，通过局部和整体的论证识别和解决各模块的耦合关系，解决上下游和相互作用模块间的矛盾，指导各模块更加有机地统一，使各模块的组合形成更大的合力，产生1+1>2的效果。

抽象到哲学方法论层面，系统工程背后的逻辑是部分与整体的辩证关系。既能以终为始先看到终局然后指导过程，又能看到全貌然后指导局部，正所谓"故画竹，必先得成竹于胸中"，需要这种高瞻远瞩和运筹帷幄的系统思考能力。另一方面，要根据过程开发问题思考整体的影响和偏差，以及根据局部的开发特点来反思整体的开发和管理方法，正所谓"尝一脔肉而知一镬之味，一鼎之调"，可以见微知著、睹始知终，洞察事理和发展规律。其整体与部分的关系如下：

1）整体和部分既相互区别又相互联系。自动驾驶不等于零部件，零部件也不等于自动驾驶，但自动驾驶离不开零部件，零部件一定程度上决定了自动驾驶的能力上限。

2）整体居于主导地位，统率着部分。整体具有部分根本没有的功能，当硬件配置、软件算法以合理结构形成整体时，整体功能就会大于部分之和；当部分以欠佳的结构形成整体时就会损害整体功能的发挥，所以单纯的硬件堆算力并不能解决本质问题。

3）整体和部分二者不可分割，相互影响。整体的性能状态及其变化会影响到部分的性能状态及其变化；部分也制约着整体，甚至在一定条件下关键部分性能会对整体的性能状态起决定作用。

整体和部分是辩证统一的，自动驾驶整体的交付居于主导地位，统率着各硬件模块、软件模块、测试环节、产品体验优化等部分，以实现部分所不具备的功能。所以要梳理功能交付的全局观，用客户的视角，以终为始统筹各部分的开发，用ROI的思维来做判断以选择最佳方案，实现客户价值最大化、公司收益最大化的最优目标。而部分关键业务的开发情况将直接影响着整体的功能、性能和交付周期，甚至对整个项目的成败起决定性作用，这就要求我们必须下沉到各部分，通过帮助局部的发展，来推动整体的发展。

3.1.2 系统工程和项目管理的关系

系统工程和项目管理是两个不同但密切相关的领域，它们在实践中经常结合起来，共同用于管理和实施复杂的工程项目。项目管理的核心是目标管理、计划管理、风险管理和资源管理，旨在通过有效地组织和协调资源，在有限的时间内，达到项目的预期目标。它们的关系体现在以下三个方面：

1）系统工程是项目管理的方法论。简而言之系统工程是一套全面且可落地的思考方式，适用于大大小小的项目管理。"全面"是指从整体到部分，以及从部分到整体的认识要全面，充分理解项目目标和子目标，理解各业务模块的相互作用关系；"可落地"是指可以把担心的问题和潜在的风险，做工程化拆解，把复杂问题拆成若干个简单问题逐一突破的思考模式。

2）项目管理是系统工程的实施手段。系统工程提供了一种方法论和理论框架，指导如何设计、开发和管理复杂系统。而项目管理则是落实系统工程方法论的实施手段，复杂的自动驾驶系统，会被拆分成产品设计、软硬件开发、集成测试等多个模块和研发阶段，然后具体通过项目管理的工具和技术来组织和管理系统工程项目的各个阶段和任务。

3）项目管理是系统工程的管理工具。在系统工程项目中，项目管理技术和方法被广泛应用于项目的规划、组织、执行和控制过程中。项目管理可以确保项目的目标得以实现，资源得以有效利用，风险得到适当控制，进度得到及时跟踪和调整。

因此，系统工程和项目管理之间是相互关联、相互支持的关系，它们共同用于管理和实施复杂的工程项目，以确保项目能够按时、按质、按成本地完成交付。

在实践过程中，一个卓有成效的项目管理，一定需要不断地从局部到整体去看到全局信息，再从整体到局部认识到每个模块的关键作用，以及子系统的输入和输出情况。项目负责人必须清楚地知道如何才能透过表象看清项目的真实状态，参考系统工程的思想，即使你认识了所有软硬件模块也并不代表认识了整体系统，这里容易被忽略的就是各模块之间相互耦合、制约、协同的关系。

要参考和利用开发规律，剖析各个阶段的重点，提前规避、及时识别局部与整体的矛盾，明确这些复杂因素中哪些是可以改变的、哪些是可以调整的，哪些就是要投入最大资源和时间去详细设计的核心业务。有结构、有重点、有层次地推进主线开发和关联方协同管理，在合理的时间调动合理的资源精准解决主要矛盾，从而打磨出最具竞争力的功能体验和最优性价比，是系统工程实践的精髓，是系统工程从业人员的核心能力。

3.2 系统工程方法论

方法论是关于研究问题所应遵循的途径和研究路线，在方法论指导下使用具体的方法解决具体的问题，如果方法论不对，再好的方法也解决不了根本性的问题。对项目管理来讲，定好目标，定好节奏，把大系统拆解到子系统这个并不难，难的是如何把各个子系统的开发进展状态、问题、风险以及各个子系统之间相互的影响制约关系厘清，再把它追本溯源的还原到整体上，并且站在整体的角度解决宏观的问题。这就是系统集成的核心思想，最终价值是 1+1≫2。

其背后的基本哲学原理是整体与部分的辩证统一、矛盾普遍存在，以及各子模块之间普遍联系。回到自动驾驶系统开发过程，它涉及技术原理、专业知识、逻辑分析、归纳总结、全局协同、经营意识和客户导向，从方法论上，它们分为四类：究极拆解、溯本回源、敏锐直觉和切换视角。

3.2.1 究极拆解能力

究极拆解能力是解决工程问题的第一个核心方法，属于逻辑思维范畴，是指对某个事物进行极其深入、细致、全面的分解和分析。从深度上看，它不是仅停留在表面层次的拆分，而是深入到事物的核心本质、内在结构和运行原理。从广度上看，究极拆解会涵盖事物的各个方面。例如对一种商业模式进行究极拆解，会包括其价值主张、客户群体、渠道策略、盈利模式等所有关键要素。究极拆解往往是为了更好地理解事物的全貌，发现潜在的问题、优势和改进的方向，为创新、优化或解决问题提供有力的依据。其背后的逻辑是把整体拆解到部分的过程，类似数学的微分，核心是把复杂问题简单化，通过把系统拆解至所需的模块或者不能继续拆分的层级，把复杂问题的面纱一层一层地抽丝剥茧开来，最终寻求到最本质的原因，通过在本质上做功，解决复杂问题。这个过程是工程师技术能力的集中体现。

没有什么复杂问题是无法通过究极拆解转换为简单问题的，如果有那就再拆解一层。艺术领域中无论多么复杂的乐句，也无非是节奏、旋律和音色的组合；工程领域看似复杂无头绪的问题，其实也只是各简单模块在时间维度、空间维度和逻辑维度的多重耦合。如果复杂问题能够被拆解成若干简单问题，那么这个问题就基本上被解决了，剩下的只是执行。

结合到自动驾驶系统，我们可以从整车层级开始拆解。首先整车是由多个系统组成的，可以拆解到如图3-1所示的多个系统，比如动力系统、底盘系统、车身系统、内外饰系统、电子电器系统、座舱和交互系统、自动驾驶系统等。各个系统间并不是独立存在的，而是存在千丝万缕的关系，尤其自动驾驶系统几乎和每一个系统都有密切的联系：加减速控制需要动力和底盘系统；传感器和控制器的安装布置需要和内外饰以及车身系统共同完成；自动驾驶和关联系统的信号传递强烈依赖整车电子电器系统；自动驾驶的人机交互需要智能座舱的大屏和仪表交互。

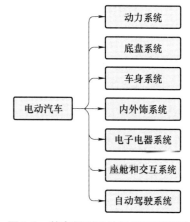

图3-1 整车级到系统级拆解示意图

然后从二级系统又可以继续拆解到零部件和软件设计层面。自动驾驶系统继续往下拆分，从硬件层面可以拆分到自动驾驶域控制器、自动驾驶私域内的传感器，以及传感器和控制器的连接线束；控制器和传感器等三级核心部件又可以继续往下分解到机械本体、PCB，而PCB又可以拆解到电源模块、通信模块、核心芯片及其外围电路模块，例如，摄像头包含光学模组、图像传感器、ISP 模块、串行器模块、电源模块等；而控制器模块可以再拆解到 SoC 芯片和外设、MCU 芯片和外设、存储模块、通信模块、电源模块等。如图 3-2 所示，从硬件上一直可以拆解到 TierN 的最小供应单位，再结合 TierN 的元器件 Datasheet 继续往下拆解其设计原理和应用方法。

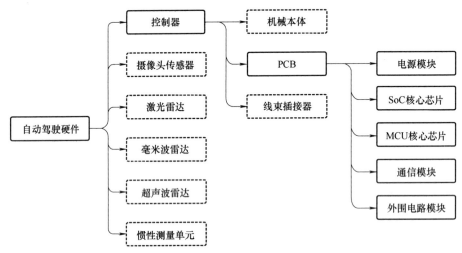

图 3-2　自动驾驶子系统硬件模块拆解示意图

从软件模块则又是另一类拆解方式，从摄像头感知原始电信号到传感器驱动，再到输出原图、调整 ISP 优化图像质量；再到输入给 SoC 芯片的感知模块，然后通过感知大模型识别输出目标属性；再经过传感器融合和定位明确周边环境和自车位置，然后进行路径预测以及规划和决策；再到下游控制模块分解出横纵向控制指令，然后通过通信模块按照协议进行赋值并传递给执行系统做整车运动控制和 HMI 交互的显示。如图 3-3 所示，软件模块可分为底层软件和应用层软件，每个模块又可以继续往下分解。

以上是从技术的逻辑框架和知识结构论述了究极拆解能力，其实在管理方面也是一样的逻辑。任何一个复杂的管理问题都可以被拆解成多个一般管理问题，比如管理两个字，第一个层级就可以先拆解为管人、管事、管钱。那么怎么管人？可以参考组织学的方式，组织架构是什么，岗位和角色设定是什么，相互之间的协作和

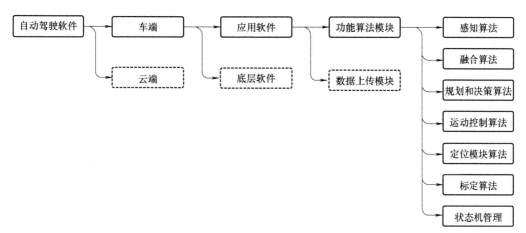

图 3-3 自动驾驶子系统软件模块拆解示意图

制约关系是什么,组织的运作流程和决策机制是什么,如何创建人才得以涌现的温床等一系列子问题,每一个问题都可以按照管理学的学科知识体系进行更细化的拆解。这就是究极拆解的魅力,掌握了这个能力,它会驱动你不断更深更广地思考问题,不断提升探究本质的能力,以及在本质做功的能力。

然而究极拆解方法也不是完美的,它的局限性在于,你认识了全部模块依然并不能认清整体。物理学,可以分解到夸克层面,但不能代表所有物质;生物学,可以拆解到基因层面,但依然解释不了生命;自动驾驶系统,图像可以拆解到 RGGB 像素点,雷达可以分解到时延频移相控阵,控制器可以拆解到硅基通断控制,算法模块可以清晰地拆解到感知、融合、规控决策、运动控制各个模块的代码级别,但只有这些局部还是无法解释功能体验。

所以我们还必须能够跳到宏观世界去用整体的思路解问题,用全局的思路解问题,用以终为始的思路解问题,这时候就需要用到我们的第二个核心方法论:溯本回源。

3.2.2 溯本回源能力

溯本回源属于形象思维范畴,是一种能够深入探寻事物根本源头,并回归到原始状态进行思考和分析的能力。

从认知角度来看，它意味着不满足于表面现象和现成结论，而是不断追问"为什么"，努力追溯事物产生的最初起因、条件和背景。例如在研究一个历史事件时，不只是了解事件的经过和结果，还要探究其背后的社会、政治、经济等深层次原因，以及最初是哪些因素引发了这个事件。在问题解决方面，拥有溯本回源的能力可以帮助人们从根本上解决问题，而不是仅仅处理表面症状。当回归本源去思考，从整体去做判断的时候，你会发现很多所谓的问题其实根本就不是问题。比如面对一个反复出现的技术故障，不是简单地进行临时修复，而是去查找故障产生的根源，从架构设计、软件设计、硬件设计、工程制造、使用环境等多个方面进行分析，明确该问题在不同视角和维度的影响和解法，以确保问题得到彻底解决。在创新创造中，这种能力可以激发新的思路和方法。通过回归事物的本源，人们可以摆脱现有模式的束缚，重新审视问题，从而发现新的解决方案和创新点。例如在产品设计中，回到用户的最基本需求，重新思考产品的功能和形式，可能会创造出更具创新性和实用性的产品。

溯本回源的能力是一种重要的思维能力和解决问题的工具，它能够帮助人们更深刻地理解事物，更有效地解决问题，以及开拓新的领域和机会。其背后的逻辑是把部分整合到整体的过程，类似数学的积分，是把局部的解扩展放大到整体的过程。这个业务的负责人必须在时间顺序、空间位置、相互制约等方面充分理解各模块的耦合关系，才能在组合过程中不迷路，需要具备深厚的专业理解能力和归纳总结能力，能够见微知著，尝一脔肉而知一镬之味、一鼎之调，把局部问题的解法迅速回带到整体问题解决的策略和思路上。

某种意义上，溯本回源比究极拆解更难，你想想是把玩具拆散困难，还是装回去更困难？会拆解的人不一定能回源，能回源的人，大概都会拆解。以终为始来看，究极拆解只是手段，而不是目的，目的还是要通过溯本回源找到宏观维度的最优解。

结合到自动驾驶系统开发层面，过程中涉及千千万万个开发细节，你要能够敏锐地识别当前这个细节溯本回源到整个开发环节中，它处于什么位置、发挥什么作用，以及向下游和关联系统之间的相互依赖和约束关系是什么。比如随便提到

第 3 章 自动驾驶是复杂系统工程

毫米波雷达的天线测试，你就要知道天线测试的目的是什么，怎么算通过怎么算不通过，不通过的影响是什么；摄像头标定的需求来源是什么，在自动驾驶功能运行中起的具体作用是什么，精度和要求如何定义。只有把各种开发细节的目的和作用理解透彻，才能够对问题的风险、优先级、影响面做准确的评估，才能对问题的解决方式做判断和决策。溯本回源是技术管理者的核心技能。在开发过程中遇到一个宏观的问题，一定要用究极拆解把它揉碎，而遇到一个具体细节偏差的判断，又要能快速回归它的原本作用和价值。当你知道毫米波雷达对于覆盖件的介电常数很敏感，需要将其厚度、曲率、材料、涂层等进行管控，才能保证毫米波信号在垂直和水平角度的精度误差，否则会导致目标识别不准，或者漏识别和误识别。你要在一开始把对覆盖件的技术规范提清楚，并且过程中满足天线测试要求后才能允许覆盖件模具冻结，那么在遇到天线测试不通过的时候，你就会本能地拉齐下游感知和融合算法工程师，明确阐述影响，同时和覆盖件的对手件指出不符合项以及整改的方向，帮助问题快速收敛，也促进上下游的相互理解和协作。

在项目计划管理，项目资源管理上也是一样的逻辑，必须清楚地知道当前处于整体计划的哪个环节，上一个和下一个里程碑是什么，为了达到下一个里程碑所需要的前提是什么，我们当前处于的位置和状态是什么，哪些是应该达成还未达成的，哪些是风险哪些是挑战。不断地把内容回归到目录，来审视整体的风险是一个行之有效的方法论，它会让你跳出画框来看画，站在更高的视角和维度，来审视当下具体问题，从而在高维度给出更优解。在具体的开发过程中时常出现"只见树木不见森林"的情况，作为操盘者，必须清醒地判断一个"问题"究竟是不是个问题。在项目开发过程中，很多成员容易描述一个现象，但现象不等于问题，问题也不一定需要当下给解法。而这些判断和取舍的底层逻辑就在于，你能清晰地看到整盘棋，你知道哪里是分秒必争的攻坚之地，哪里是低优甚至可以当下不做的事情，这样才可以集中优势资源攻克重点问题，把关键路径的核心要点资源给足，细枝末节无足轻重的地方就要战略性放弃。

如果熟练掌握究极拆解方法和溯本回源方法，并且在同一个行业内具有足够的知识积累和逻辑技法，那么你将可以解决 95% 的复杂工程问题，成为这个领域的专家。但是你想成为这个领域的"大神"，你还必须拥有第三项核心能力，那就是敏锐直觉。

3.2.3 敏锐直觉能力

敏锐直觉属于创造思维范畴，是一种基于个体的经验、知识、感知和潜意识等综合因素，在缺乏明确逻辑推理的情况下，能够迅速、准确地对事物、情况或问题做出判断和反应的能力。

从认知角度看，敏锐直觉往往在瞬间产生，仿佛是一种内心的"声音"或"感觉"。它可能在人们看到某个场景、听到某个消息或面临某个选择时突然出现。例如，一位经验丰富的工程师在检查设备时，可能会凭借直觉感觉到某个部件存在潜在故障，尽管从表面上看一切正常。

从来源方面分析，敏锐直觉是长期积累的结果，类似于那种"读书破万卷下笔如有神"的感觉，它来自个人在特定领域的大量实践、学习和观察。通过不断地接触各种情况和问题，大脑会在潜意识中建立起模式和关联，当遇到类似的情境时，直觉就会自动发挥作用。比如一位资深的医生，在看到患者的症状后，直觉会告诉他可能的疾病类型，这是基于多年的临床经验和对各种病例的熟悉。敏锐直觉可以帮助人们快速做出决策、发现问题和把握机会，在紧急情况下，它可能是救命的关键。例如，在灾难现场，救援人员可以凭借直觉判断哪里最有可能找到幸存者；在商业领域，企业家也常常依靠直觉做出重要的投资决策或市场判断。

在工程范围内，敏锐直觉能力具有极其重要的意义，它与所谓的人脑大模型有一定的相似性，主要体现在以下几个方面：

1）问题识别与预判。敏锐的直觉能力可以帮助工程师在工程早期阶段快速识别潜在问题，在项目启动时，凭借直觉能够察觉到设计方案中存在的薄弱环节或不合理之处，从而提前进行调整和优化。例如，在系统设计过程中，有经验的工程师在看到初步系统方案时，就直觉地感觉到某些通信链路、握手逻辑、失效保护策略、关联件性能约束等方面可能存在问题，进而进行更深入的分析和挖掘。这种直觉就如同人脑大模型在处理大量数据后能够快速做出判断一样，能够在复杂的工程

第 3 章 自动驾驶是复杂系统工程

情境中迅速锁定关键问题点,为后续的详细分析和解决方案制定争取时间。

2)创新与突破。直觉能力往往是创新的重要源泉,在工程领域,有时候传统的方法和思路可能无法解决新出现的问题或满足新的需求,此时,敏锐的直觉可以引导工程师突破常规,尝试新的方法和技术。就像人脑大模型能够通过学习大量知识和案例后产生新的创意和想法,工程师的直觉也可以在面对复杂的工程挑战时,提供独特的解决方案。例如,在电子产品研发中,工程师可能凭借直觉提出一种全新的电路设计方案,或者是人机交互方式,甚至是全新的算法逻辑,从而实现性能的大幅提升。

3)决策辅助。在工程决策过程中,直觉能力可以作为重要的辅助工具,面对多个方案的选择,理性分析往往需要大量的时间和数据支持,而直觉则可以在短时间内为决策提供方向。例如,在工程项目的进度安排上,工程师可以凭借直觉判断某个关键节点的时间安排是否合理,从而及时调整计划。这种直觉决策并非盲目,而是基于工程师长期的经验积累和对工程系统的深刻理解,类似于人脑大模型在经过大量训练后能够快速做出合理的决策。

4)风险评估与应对。直觉能力有助于工程师对工程风险进行评估和应对,在工程实施过程中,各种风险因素层出不穷,有些风险可能难以通过常规的风险评估方法识别,敏锐的直觉可以让工程师感知到潜在的风险,提前采取措施进行防范。例如,在化工工程中,工程师可以凭借直觉感觉到某个场景下功能会存在安全隐患,从而加强正向设计和测试用例,来避免风险的发生。这与人脑大模型在面对复杂情况时能够快速评估风险并提出应对策略有相似之处,能够在问题识别、创新突破、决策辅助和风险评估等方面发挥重要作用,为工程的顺利进行和成功实施提供有力支持。

那么怎样训练这种敏锐直觉呢?日常开发中通过究极拆解和溯本回源一次一次地把事情做对,保证胜率的前提下,不断地加大次数训练,逐渐形成从量变到质变的演化,在这个过程中,大脑会被正确的实践操作做大量重复的训练,最后形成了肌肉记忆一般的敏锐直觉,可以快速地对开发问题进行快速把脉,并正确地识别其中的核心要素。这个阶段就像音乐家的 Free style(即兴发挥)以及武术界的无招胜有招，在工程界它就叫做发现和解决问题的敏锐直觉，它考验的是一个工程专家的综合判断力，背后是逻辑思维形象思维和创造思维的结合。从实操角度来讲，要培养敏锐的直觉能力，可以从以下几个方面入手：

1）训练敏锐直觉最重要的是积累丰富的经验。要深入学习专业知识，在特定领域不断钻研，掌握知识的逻辑结构和扎实的理论基础。例如，如果你从事自动驾驶系统开发工作，就必须对传感器、控制器、执行器，以及算法的专业知识有深入的学习，对于开发过程的问题，有一套剖析方法，比如用FTA做根因分析和用PDCA做过程管理。同时还要积极参与项目开发具体任务和问题解决，通过实际操作和项目经历，积累大量的实践经验，并且不断反思总结经验教训，在每次实践后，认真反思过程中的成功与失败，总结出规律和教训。对投资项目进行复盘，分析决策的正确与错误之处，以便在未来做出更好的判断。

2）训练敏锐直觉需要拓宽知识视野。这种创造性思维就像大脑的神经网络一样，是多维的、跨领域的，往往在不同领域思考模式下会产生新的碰撞和方法，所以要广泛涉猎不同领域，不仅专注于自己的专业领域，还应了解其他相关或不相关的领域知识。具体可以通过阅读各类书籍和文献，包括专业书籍、传记、文学作品等，来拓宽思维边界；阅读不同领域的经典著作，从不同的视角看待问题，也可以通过和各个行业优秀人才的交流来接触新的思想和观点，获取前沿信息。

3）敏锐直觉依赖于构建新的自我认知模型并不断锻炼。要不断进行自我观察和内省，分析自己的思维模式和行为习惯，并刻意地去锻炼自己的敏锐直觉，比如多做快速决策练习，在一些小事情上进行快速决策，锻炼直觉反应能力；要认识到世界的复杂性和不确定性，学会在不确定的情况下做出判断。比如在日常购物中，迅速决定购买哪个商品，而不进行过多的分析比较。要有意识地加强直觉预测的判断能力，对未来的事件或趋势进行直觉预测，并在事后进行验证和反思，并积极听取他人的观点和建议，拓宽自己的思维角度。还可以多参加创意激发活动，不断尝试新的方法、技术和领域，挑战自己的舒适区，如头脑风暴、创意写作等，培养跳出常规思维的能力，这些活动可以帮助你打破思维定式，提高直觉的敏锐度。

结合自动驾驶系统开发，体现在两个方面：一方面是能够快速地根据开发经验和直觉,识别出整体的开发难点、重点、风险点,以及当下阶段所必须立即处理的、否则后续开发中容易出错并且不易调查根因的问题,比如前期的系统方案设计、关联系统边界约束、整体开发计划和关联件联调计划、全功能打通前提条件、全性能跑通的前置依赖;另一方面是可以把问题迅速地发散到对工厂的影响、对售后的影响,以及是否可以存在小概率的Bug互锁等,这些都是经过项目历练后,把自己的大脑思考模型从基于规则式转换到了基于端到端大模型式的思考,看到环境给的输入就能立即知道风险在哪里,车辆的路线如何规划,以多大角度转向,以多大转矩加减速,直接给出要害和解法。在经历了多个自动驾驶平台方案从无到有的开发后,对整个系统的究极拆解和溯本回源灵活运用,并积累大量实战经验后,是可以进入这种靠敏锐直觉就能嗅到问题所在,并且给出解法的状态的。就像经验老到的汽车修理师,听一下声音就能知道哪里有问题,可以迅速地锁定要点区域,而不是逐一拆解和论证。

是否拥有正确率极高的敏锐直觉,最终代表了一个工程师水平的高低,同时将这种明日之觉应用于用户体验和产品设计上,也将最终决定了这个工程师整体水平的高低。它会综合体现到在面对复杂问题时的判断、思路、对策和具体方案提出上。

3.2.4 切换视角能力

切换视角属于悟道范畴,意会为主言传为辅。它是指能够从不同的角度、立场和观点,去看待事物、分析问题以及理解情境的一种能力。

从认知层面来说,它意味着不局限于单一的思维模式或固定的认知框架。例如,在看待一个复杂技术问题时,不仅能从企业管理者的角度考虑投入代价、价值产出、市场竞争态势等问题,还能切换到工程师的视角去思考行业技术方案、技术难点和所需资源;也可以站在客户的角度,考量这个复杂技术最终投射到产品上,可以给客户带来哪些实质收益,以及是否可以提升用户满意度。

在解决问题方面,切换视角的能力可以帮助人们发现更多的可能性和解决方案。当面临一个复杂的难题时,如果仅从一个角度去分析,可能会陷入困境。而通过切换到不同的视角，可能会看到之前被忽视的因素和关系，从而找到新的突破点。所有问题在另外一个维度都有简单解，比如在解决误识别问题的时候，从零部件工程师角度会认为感知或融合算法做得不够好，算法工程师会认为传感器本身信号质量差，无法稳定识别目标；再比如研发人员会认为产品规划和营销不专业，自己技术没问题，但产品规划人员会认为技术没做好且营销不到位，而营销人员会认为自己只是锦上添花，产品规划和技术不行，营销再努力也无法创造好的业绩。谁能够跳出框来，从各个角度看到大家的诉求和矛盾所在，谁就能站到更高维度帮大家化解矛盾，从而更好地形成合力。

每个人都知道要换位思考，但是没有足够的悟性和思考深度，是无法完成有效换位的。首先你要相信任何复杂问题在另外一个维度都有简单解，那么我们要做的就是要跳出画框来看画，站在更好的视角来解题。那究竟什么是好的视角呢？怎么评价呢？如图3-4所示，这里给出三个方向：换位视角、全局视角和终局视角。

图3-4　三种视角切换

1) 换位视角：需要站在系统的不同模块去找答案，需要进入各章节各部分去探寻矛盾和解法，是把书读厚的过程。比如自动驾驶功能不可用，零部件角度怎么看待这个问题？系统架构层面怎么思考？应用软件模块和OS软件模块分别怎么看待这种失效？站在系统的多个关联方角度去思考问题，项目经理怎么想？系统工程师怎么想？测试和质量工程师怎么想？以"盲人摸象"为例，如果真相是头大象，那每个人由于立场和思维的局限性，都是摸象的盲人，如果你想找到答案，就要尝试站在每个干系人的角度来看问题，直接或间接地获取到不同视角的答案，逐渐地靠近真相。而这里最有效的方法就是在每个领域都找相对权威的技术专家做一轮摸查式的沟通，快速获取各个领域的关键意见，识别风险以及产生更好的思路，然后再用各个模块的约束和要求来审视这个新思路的优劣势，从而找到优质解。

2) 全局视角：要求审视者能够跳出局部看整体，是一个升维的过程，要能从各章节跳出来审视目录，总结整体的脉络，是把书读薄的过程。当你了解到多个换位视角，并不代表你掌握了全局，还需要借助更高的关联方来点拨：这个问题的性质是什么？整体的严重度如何？需要在什么时间前处理完？整体是什么级别的优先级？可以拿到什么级别的资源？再回到盲人摸象，当你通过不同时间逐渐了解到大家在摸的是头大象的时候，还需要了解更多高维信息：到底谁组织了这场活动？为什么是大象？为什么是盲人在摸？目的是什么？谁是做局者？谁是控局者？谁是评判者？相关方又是谁？这里可以参考向前看、向后看、向上看、向下看、向左看、向右看的6D思考方式，前后维度是前因后果来龙去脉，以及整个事情的发展方向的预判；上下维度既包含业务的上下游，又包含自己的上下级，判断其分别处在这个问题的什么位置，以及会有什么阻力和动力；左右维度是要拉齐关联方，所有影响因素和被影响模块都能对齐信息、思路和节奏，确保形成合力。当你把前后上下左右都摸查清楚的时候，就基本掌握了全局信息。不得不承认每个人的视角都是局部的，在当前的维度下即便看得很清楚，可一旦拔高一个维度就又成了摸象的"盲人"。一个人的"天花板"就是他所能冲破的认知维度，每个人最终都会停留在自己看不见的维度，做更高维度的"盲人"，以及更低维度的"明白人"。

3）终局视角：相对全局视角的前后上下左右，它强调的是看穿，即穿过过程看到结果态，它是把书看厚、再看薄，然后合上书进行综合评价的能力。这场盲人摸象的活动最终输出是什么？它是哪个故事的情节？它的上下文是什么？它最后要如何收场？当你明白了这件事情的来龙去脉、起承转合、条件和限制，以及发展规律，才能把握它最终的结局，站在最终结局的角度思考问题，会让你思路打开，获得更多更广的视角。比如自动驾驶系统开发和交付，最终极的目标就是所交付的自动驾驶功能由于更安全、更便捷、更高效而获得客户高度认可并愿意为之买单，用自动驾驶科技改变出行方式；在业内产生了领先效应，产品品牌也因智能属性而获得更高的品牌势能和溢价能力，产生了产品、品牌、利润的正循环；公司和员工由于客户的认可和买单名利双收。只要有助于这个终极目标的达成，那就是有价值的，反过来如果违反了这个初心，不管过程多么科学和严谨，也注定是内耗和失败。过程的任何决定，一定要从以终为始的角度来审视，它能不能在结果上让自动驾驶体验更领先、让客户更满意、让公司更有竞争力、让行业更健康和有序发展。

如果可以熟练掌握究极拆解、溯本回源、敏锐直觉和切换视角四个能力,那么一定可以在业务开发中起到核心发动机的角色,快速洞察到关键问题,拆解细节识别真正风险,并且带领团队聚焦同一个目标,按照有序的节奏稳步推进,把复杂问题拆解到各个子模块,并带领团队有的放矢、逐一攻克,实现最终的高质量交付。

3.3 项目管理角色认知

自动驾驶项目涉及架构、硬件、软件和多关联系统的开发,是典型的跨专业领域的复杂系统,需要调度各模块的专家协同解决复杂问题,其核心在于有效调度,形成合力。这对于项目管理,更确切地说是业务型项目管理负责人,具有很高的要求:既能带兵打仗,又能灭火救灾;既要建设阵法和体系,又要准备粮草和鼓舞士气。可以说这是公司战略落地的总调度中心,需要的是一专多能的将帅之才,明确目标、节奏、打法,以及解决赏罚和供需平衡。每个项目都是公司业务的经营体,项目的质量是一个公司综合竞争力的集中体现。本节将深入介绍自动驾驶项目管理角色,包括其定义、具体工作以及成长路径,帮助读者更好地理解这一关键角色在自动驾驶项目开发中的重要性。

3.3.1 项目管理角色介绍

自动驾驶项目管理是对自动驾驶项目进行全面规划、组织、协调和控制的管理活动。项目管理角色的核心任务是确保项目在预算、时间和质量要求内完成交付,同时达成市场预期效果。比如自动驾驶功能的交付要能够占领用户的心智,给用户提供令人满意的性能体验,从而将自动驾驶成为购买车辆的核心因素之一。

从实操层面,想讲清楚自动驾驶项目管理的角色,还需要展开回答以下几个问题:自动驾驶项目管理角色的总目标是什么?自动驾驶项目管理角色的能力要求是什么?项目管理角色具体需要管什么?核心的具体职责和权力是什么?抓手是什么?该角色对部门、公司的核心价值是什么?角色的成长通道是什么?

简单来讲，自动驾驶项目管理的总目标就是集结各方资源，在一个个项目上持续打胜仗，并且让胜仗越打越爽。那什么是打胜仗？要么是产品体验上超越期待，以卓越胜优秀，提供满意加惊喜的体验和感受；要么是技术手段上占据制高点，并拔高整体产品体验，实现跨代领先，建立难以被复制的护城河；要么是在时间维度上，由于开发交付体系提效，使得开发过程更加迅速，实现更快的迭代优化，先于竞争对手落地，抢占市场先机；要么是资源投入层面，通过高质量的流程体系和过程管理，减少开发投入和浪费，用最少的资源实现更好的交付，并不断地通过平台化和规模化拉低成本。这都是竞争力提升的表现，而打胜仗就是达成挑战目标，并且提升了以上一种或多种竞争力。

想打胜仗，首先要有清晰一致的目标，让全员都带着使命感和清晰的方向感，这里第一步就需要项目经理向上与发起者对齐整体的战斗目标，拿到相应的战斗资源。项目管理的目标和权力全部来源于发起人，这是项目的起点和初心，这里要大胆、要敢为、要勇挑重担、要敢啃硬骨头，要的就是敢为人先的魄力和勇气，要有舍我其谁的天命感和责任感。

第二步是建立项目团队，识别出所有关联方，构建核心班子成员，迅速识别到项目的主要开发内容、开发难点和风险点。对整体有一个宏观把握后，再对目标进行拆解，拆解到各个子模块，一般来讲思考这个子模块的时候，要覆盖公司组织架构的每个组织，逐个审视相关性，不要放过任何可能相关的干系方，前期漏识别的事情后期都会成为"炸弹"。

第三步是组织和带领项目核心成员，将子模块目标展开到所有项目成员，形成一级、二级、三级开发计划和关键任务清单，管控好每个里程碑节点的交付情况，定期及时纠偏，以保证各模块都可以在要求的时间内，交付自动驾驶硬件和软件，最终使系统功能达成既定的产品使用体验要求、系统质量和可靠性要求、开发预算和零部件成本要求。如何基于公司当前的发展现状和约束，用最少的时间、人力、财力和物力创造出最具竞争力的产品，在市场上取得竞争优势地位，从而转化成销量利润和品牌形象的双重胜利，才是终极胜仗，一切都要回到这个落脚点。

那么为了实现以上总目标,要具备什么能力呢?除了究极拆解、溯本回源、敏锐直觉和切换视角四个硬核能力,还要有些软能力。排在第一位的是自驱力,简单来讲就是不甘现状,永远想让自己以及自己的团队出类拔萃、持续精进、永争第一的欲望,有了这团欲望之火才能成为自燃型的人,才能够有持续的自驱力,才能够带动和影响整个项目团队,而不是敷衍了事。试问一个喊着"80分万岁"的人,怎么可能带领团队达成99分的业绩?这就是原动力。

排第二位的是排兵布阵统领指挥的领导力。团队的成功来源于合力,来源于激活群众的力量,达成乘法的效果,要在四个能力的基础上,杀伐果断,带着广度、深度和高度的思考进行正确的决策和工作部署,这个就是调度能力、组织协调能力。一切失败都是用人的失败,要能识人、用人、培养人,建立铁打的营盘,使正确的经验得以沉淀,错误的案例得以避免,制度清晰、流程通顺,这是落地执行的核心保障。

最后是人性通透力。在做人方面有润万物而不争的智慧,以及成就他人就是成就自己的格局,一切以达成公司战略目标为目的,避免不必要的情绪化的冲突,从哲学上来讲,有些冲突和矛盾是合理的、正向的、不辩不明的,也是组织提升的动力,但实际开发中见过太多人由于个人情绪产生对立,由于个人的情绪色彩影响整体的交付质量,以及由于个人过于计算得失、地盘意识强烈,导致效率层层降低。不能成就和配合别人,那么也不会得到别人的配合,就逐渐建立了部门墙、业务墙,最终形成孤岛,每个人都作茧自缚,最终把公司陷入死局。高层管理者一定要具有公司的全局思维,否则能量和机会都会在内耗中消失殆尽。

技术强也好、产品强也好、性价比强也好,归根结底是管理能力强,一家公司的核心竞争力就体现在最小经营体的运作能力上,而这个最小经营体对车企来讲,就是车型项目,就是要以产品为王、以技术为枪,最终赢在一个个项目落地上。然后再结合后端的供产营销服体系,把优势放大把劣势缩小,最终在市场上形成强有力的攻势。这种模式是一个企业能否在竞争中取得持续优势,长久立于不败之地的底层逻辑,是产品设计、技术开发和项目落地的有机调和。图3-5所示为产品、技术、项目管理三者的逻辑关系。

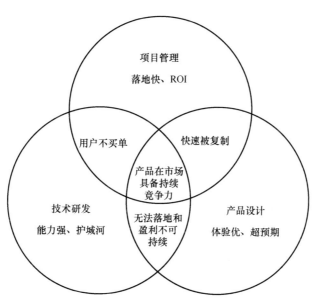

图 3-5　产品、技术和项目管理的逻辑关系图

产品优、落地快,但是没有技术深度,很容易被对手复制和超越;技术强、落地快,容易千钧大棒打苍蝇,到头来由于不实用无人买单;技术和产品都强,但迟迟无法落地,以及无法提供性价比,那也只能是空中楼阁、隔靴搔痒,无法直面市场竞争取得胜利;只有体验优、技术强、落地快、ROI 高,才能在市场上具备持续的竞争力。

即使是一家科技公司,其核心竞争力归根结底还是管理,如何选人用人,如何通过体系和制度使各个角色既能各司其职又能相互补位、形成最大合力,如何通过合理的决策制度使得正确提议得以通过、重大错误得以避免,以及通过组织复盘,即使犯错也能转化成进步的机会,如何建设人才温床,使得人才不断涌现……这背后就是管理,而项目管理角色是最贴近业务目标的,同时也是最能看到整个开发协作过程的,从项目成员的选用、项目分工和决策体系到项目复盘和人才选拔,每一个项目都是组织建设的最好试金石,通过一个一个项目来训练组织的大模型,最终为公司构建核心竞争力。因此,业务型的项目管理角色是非常核心的,下面我们来看一下项目管理的具体工作内容。

3.3.2 项目管理具体工作内容

项目管理的源头目标管理，整体的交付内容、交付范围、达成时间和资源投入目标，以及拆分到过程节点和子系统的过程目标，懂业务的人才能把目标定义好并拆解好。这里既不能盲目接受上级目标，也不能有畏难情绪什么都不敢接，而是要根据业务理解力，按照当前现状和发展趋势，制定一个大概合理的目标，然后逐步渐进明晰，对上对下及时对齐。然后是过程管理，包含技术方案、开发计划、测试计划以及PDCA的小闭环检查。过程管理的内容是拆解出的各模块开发内容，管理的标准是能否达成各模块子目标，以及整体是否可以结合成阶段性过程目标，检查的是重点、难点、卡点，通过究极拆解、溯本回源、敏锐直觉和切换视角四个硬核能力不断审视开发过程的风险点，核心诉求是早识别、早发现、早治疗、早恢复，这是项目开发过程纠偏的必经之路。项目的过程管理核心就是尽早试错，把未来可能发生在市场的问题，在研发阶段提前暴露并对策修复掉。目标管理保证结果导向，做正确的事情，过程管理保证一次做对，正确地做事，二者缺一不可。我经常讲的一句话就是向结果要过程，向过程要结果，只有辩证来看结果和过程，才能松弛有度，有的放矢，把握项目的核心走向。

有节奏的推进解决关键节点的偏差项、用体系和过程管理赋能团队高效地打胜仗、引领公司核心战略创新业务的新产品新技术在项目迅速落地抢占市场先机，是业务型项目管理的核心工作职责，具体见表 3-1，主要包含项目交付的基盘业务、提效赋能的过程体系检核和创新创造的突破性业务开发三部分。

表 3-1 项目管理的三大核心工作内容

类别	特点	具体工作内容	核心要素
项目交付 ——基盘业务	结果导向，通过纠偏打胜仗	业务规划轴：平台套餐方案、宏观交付目标、项目集合设计	前瞻性、客户思维、经营意识、全局最优
		项目推进轴：首项目、开发内容、阶段目标、长中短期计划、团队分工、资源配置、风险识别、牵头对应	抓大放小、系统拆解、归纳总结、沟通协调
		跨部门协作：相关上下游部门的沟通协作，明确系统间约束、开发协同、联调、交付和验收解耦	系统设计松耦合、接口和性能边界清晰可量化

(续)

类别	特点	具体工作内容	核心要素
过程体系建设——提效赋能	作战章法,做组织提升的强抓手	业务信息流转:概念和企划阶段、需求评估阶段、研发实施阶段、问题对应迭代	信息流转闭环、重正向评估、一次把事情做对
		风险预警和决策机制:用风险预警调动优质资源提前解决潜在GAP,对于无法避免的GAP迅速达成全局共识判断挽回方式	掌握全局信息、识别风险并预警、决策及时
		支持和指导过程推进:拆解子系统核心矛盾,指导过程有序推进,协调资源支持提效,触碰红线杀伐果断	躬身入局、先礼后兵、解决问题是第一要务
创新业务突破——创新创造	从无到有,做创新业务的破局者	市场预期和产品战略:根据公司的愿景和规划,以及当前的硬件平台、软件能力和产品需求,制定产品战略	公司战略分解、市场需求导向、产品战略先行
		产品落地:专项组形式组织产品设计、技术开发、测试验证等团队成员进行敏捷的运动战,迅速打磨出可落地、高竞争力的产品,并用有限的代价带领大家实现最终交付,抢占市场先机	敏捷作战、跨团队攻坚、快准狠
		全局协同:在公司级别协同营销、品牌、公关等部门,将产品竞争力放大,占领客户心智,合力打造和推广现象级的、叫好又叫座的拳头产品	全局协同、避免自嗨、叫好又叫座、销量利润品牌力正向提升

公司内部基本可分为行政轴和项目轴两种相互交叉的管理方式,如图3-6所示。业务总负责人会有项目和行政两把抓手来管控项目交付情况,行政轴更多的是提供各模块职能的业务能力,项目轴则是在权威领导的授权下按照目标牵引原则对各职能模块进行系统性的管控使之形成合力,最终交付出面向客户的产品,二者交叉验证又相互促进。不同公司在不同阶段,对于行政轴和项目轴的重视度会有所不同:一般来讲在创业初期都是强项目轴,这个时期通常每个行政轴也没几个人,整个公司可能只有一个项目,所以都是由项目轴统一引领和调度;但随着项目不断增多,行政轴人数不断庞大,就需要由更强的行政轴来做跨项目的业务规划和方案制定,最终再汇总到项目轴,这个时候会通过行政轴建立各个模块的交付能力;随着行政轴能力建设趋于稳定,还是会重视项目轴来做多项目集合的规划和整体交付,以及整体的交付机制和协作效率,逐渐沉淀企业项目交付的核心竞争力。不管是产

品导向还是技术导向，最终都是项目交付导向，只有多快好省地把战略项目平稳落地，并获得市场的认可，才能真正地在市场中占据有利地位。

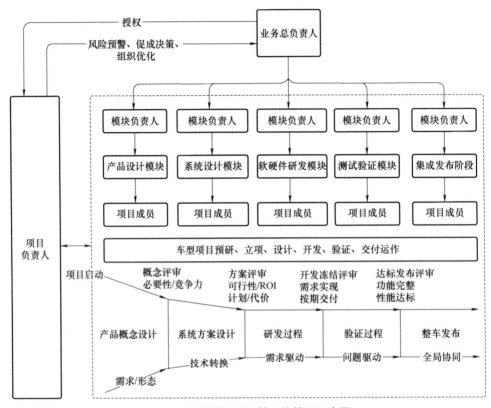

图 3-6　行政轴和项目轴双线管理示意图

作为项目管理角色，向上要得到充分授权，向下要有可靠抓手，二者缺一不可。项目经理往往对于项目成员无直接行政考核权，所以需要经过公司业务总负责人授权之后，才能顺理成章地按照总负责人的意志在具体项目载体中行使各项权力，这使他们能够更充分地调动项目资源，从而更有效地实现项目目标。

至于如何实现目标，那就回到了系统工程的核心能力范畴，究极拆解和溯本回源，要把一个复杂的项目按照时间维度、系统方案维度、智能模块维度分解成更加具体的小目标，把一个大任务分解到多个子任务集，通常要进行三级或四级的颗粒度，太粗了无法预判风险，太细了行动容易变形导致可执行性差。那么这里承担子任务集的角色，就成为项目经理的抓手，也正是因为计划的拆解，才形成了目标和责任的分解，也成了整个管理的出发点，后续的管理对象就是各模块的计划实施进展和偏差。项目的运作一般过程如下：

1）项目预研明确核心目标、节奏、资源投入等信息，根据项目前提，结合产品和技术平台设定初步技术方案，包含自动驾驶系统本身的方案，以及关联专业部门的系统约束方案，并对开发计划和资源进行评估后，推进立项。

2）宏观层面将总目标拆分为多个关键节点，设定每个节点的必达目标和输出物，并将一级计划分解到二级计划、三级计划，甚至核心模块的四级计划，以时间计划和阶段目标，作为整个业务交付的驱动力。一般来讲分为设计阶段、ET 阶段、PT 阶段和 SOP 交付冲刺阶段，在项目管理中一般 2~3 个月设定一个关键节点，及时对齐项目状态。

3）躬身入局，下探到各个交付阶段，识别每个阶段的重点、困难和所需资源支持，集中优势资源攻克核心矛盾，通过提前识别风险和提前做功确保达成阶段目标。对于最终未能达成阶段性目标的 GAP 要集合广泛意见，明确挽回计划，促成决策后，更新后续计划并进入下一轮关键节点的开发。值得一提的是，对于为什么没有达成原计划，一定要进行及时的复盘和总结，弄清是出现了意外，还是原本的考虑不够周全，或者是过程执行出了纰漏。经过对 GAP 的不断总结提升，使得整体组织能力得以提升。

4）在最后的项目交付阶段，要向项目发起者和总负责人提前做多轮的评价和体验，确保最终交付的自动驾驶产品满足各阶段目标以及总体目标，并且获得项目发起人的批准和认可，以保证整个项目的最终交付结果达标。

这个过程中，项目经理首先要能明确整体的开发范围和目标，一旦需求明确后，必须严格控制开发范围，不给内部增加新的负担，挡住不合理需求，防止开发范围变形导致最终交付失控。但另一方面也要从客户角度、公司收益角度、市场竞争角度来动态审视开发目标，甚至主动打破当前项目前提，引入新的需求和范围，当然也要同时配套获取更多的资源支持，最终保证市场的成功和公司的盈利。这才是终极目的，其他都是过程和手段。

项目经理的精力和资源是有限的，一定要设定问题的流转机制和漏斗模型，原始问题经过一层层漏斗，最终呈现给项目经理的只有整体 20% 的核心问题，这是项目经理要花精力带动大家解决的。帮助团队成员解决阻碍问题是新型项目管理的核心价值之一，区别于最初级的到点催账和上升施压的管理方式，只有成为问题解决的引领者和贡献者，才能在团队中得到更多人的拥护，尤其是在跨部门跨团队合作时，更要有这种业务难题突破能力。其实每一个业务模块都是一个孤岛，他们可以把自己的内容做到极致，但最终一定需要做集成整合才能发挥最大的价值。这就像做菜一样，牛肉是上好的牛肉，土豆也是优质的土豆，但如何能够在油盐酱醋的配合下，控制火候烹饪出一道美味的土豆烧牛肉，是业务型项目管理的必修课。也只有深入业务中，才能真正地做好项目管理，不懂业务原理、不懂过程拆解和回溯整合的人，也绝不可能真正管好项目。要知道到点催账这个事，只需要一个自动化表格或者办公系统就能完全代替，是没有核心竞争力的。

3.3.3 项目管理角色成长路径

初级项目管理者是盯计划模式，拿着授权找各开发模块按计划要求交付，所有的实质性开发和问题，以及经验储备都掌握在行政手中，项目管理角色基本属于业务实质开发外的人，这种方式称为辅助协调型管理，多见于业务比较成熟稳定的传统行业。而中级的项目管理者会进入关键业务路径，识别上下游团队间的矛盾和卡点，做跨团队负责问题的解决者，拿着授权协调资源，帮助大家解决每个节点最核心的困难，已经打入了团队内部，是值得信赖的伙伴，带领着项目团队在关键过程上做功，对项目关键进展有贡献，从而保证了交付结果。这种属于躬身入局，支撑解决复杂问题的项目管理团队，对于自动驾驶这种复杂系统，必须能介入到核心矛盾中去，才有机会带领大家解决问题。

高级的项目管理者应该具备全局规划能力，可以带领一个项目集合按照既有战略推进落地，主攻首发车型、指导沿用车型，不断地洞察开发过程中的问题，为组织和团队积累经验形成方法论，促进下一轮更加正确和高效的开发，具备项目集合运作能力和组织提升的洞察能力。达到精英级别的项目管理，是将产品和技术的规划合理地整合到项目规划上，通过平台化的运作设计多个项目集合，并可以带领或者授权带领各个项目集合有效地按照整体规划节奏逐一落地,重点攻克每个项目集合的 20% 高优问题,以及促进各个业务模块所洞察问题的解决和落地,是部门业务流程体系的建设者。

最高级别的大师级项目管理是业务引领者,驱动着战略产品的设计、技术平台的开发、项目的落地和公司经营的提升。一切皆项目,一切皆可项目化,带着项目的思维把最前瞻和最领先的产品,以最具竞争力的方式推到市场,是创新型高级项目管理者的核心价值,相当于战略项目的执行 CEO。

从初级、中级、高级,到精英和大师级别,分别对应着助理、核心骨干、高级经理、部门总监和公司 CEO/COO 级别。图 3-7 描述了各个级别的项目经理应该具备的能力和对应的级别,这就是项目管理角色的职业发展通道。

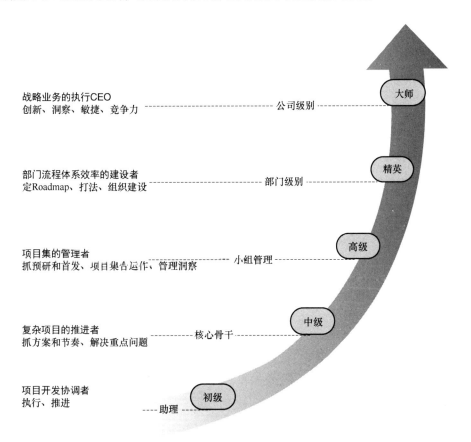

图 3-7　项目管理的职业发展通道

不管你当下处于发展通道的哪个阶段，都要谨记以下几点心法。首先要提升业务理解力，明白自动驾驶在接下来一两年内的业务形态和开发目标，以及当前距离目标的关键偏差是什么，从一级目标来讲是更安全、更方便、更高效，那么当前现状有哪些因素导致了功能不安全，例如，前方紧急制动或者静止车的追尾碰撞、横向不安全变道的剐蹭、旁车近距离加塞切入碰撞，以及路缘石和花坛等不规则障碍物的刮擦和碰撞，启动是否便捷，交互是否清晰简约，左右转、主辅路和掉头环岛等场景下是否可以高效通过，泊车效率是否够快、要不要提升速度，能否尽量一把入库减少揉库次数，对于低矮物体、悬空障碍以及运动行人和车辆是否可以准确避障以保证安全……不同阶段会有不同的核心矛盾，不同公司的技术现状又决定了不同时期的业务重点，只有抓到当前的业务主要矛盾，才能够引领项目团队劲往一处使，聚焦到能力和体验提升上。这是从宏观层面，不懂业务的人做不好管理，不懂市场竞争的人也做不出好商品。

只懂业务但没有解决问题的能力，也是无法破局的，每一位项目管理者，都要躬身入局，和自己的项目团队蹲在同一个战壕里，入局才能破局，依靠自己的全局视野和资源调动能力，帮助各个模块解决负责问题，这个过程就是个人影响力和领导力逐渐释放的过程。你能影响的范围越广，调动的资源越多，解决的问题越复杂，自然所处的段位也会随之提升，最终会在战功的照耀下走向更高的级别。

项目管理中90%的时间是在沟通，是在对齐思路和行动计划，所以信息的流转特别重要。项目负责人要在上级、同级、下级三层建立全面的沟通机制，上通下达左右关照，像八爪鱼一样具有足够多的触手和信息来源渠道。管理的核心其实就是信息差，相关管理者要能收集信息，总结信息关键脉络，并且利用信息差来实现各方的资源调度，以形成良性的排兵布阵，从而形成更大的合力。向上沟通的核心是获得授权，以及管理预期，让上级具备掌控全局的信息，并及时对齐思路，达成方向性的共识。向下沟通的核心是目标明确，对齐行动和识别风险，让他们按照你的节奏和步调推进业务前进，同时及时帮他们解决过程的困难。左右沟通讲的是协作，内部是产品、研发、测试的协作，外部是整车产品规划、关联系统、零部件采购、工厂制造和售后等，需要让各个相关协作方的输入输出清楚，影响因素识别全面，以保证最终交付客户的能力不掉队。最后，在信息传递中要注意筛选和过滤，信息流转和问题处理要遵循漏斗模型，而不是简单的复制传递。把各方的信息去伪存真，取其精华形成整体思路，是项目管理沟通的必备底层能力。没有授权的项目无法实施有效管理，信息不流通、业务没抓手，也注定不会有业绩。

项目管理的一个极端是按计划到点要账，进不去具体的业务开发过程；另外一个极端就是完全沉浸在细节中，只见树木不见森林，这个也是不可取的，甚至比到点要账还危险，相当于将帅拿着刀枪去一线冲锋去了，而导致司令部无人调度瘫痪。所以，项目经理既要看到全局，又不要淹没在细节里，要保证永远将时间放在核心20%的问题上，把事情安排明白就尽快撤出来，让大家各司其职去处理问题。哪里有矛盾哪里就有项目经理，可矛盾一旦解决、能够进入正常状态，就要立即撤退，把精力放在各个模块的PDCA检查上，放在开发目标的动态监控上，放在新问题新风险的识别上，放在客户体验的打磨上，永远在核心点做功，这是将帅之才的核心心法之一，只有这样才能让整个团队运转更加良好。放眼望去，项目管理要用宏观视角，以客户愿意买单、满意度提升、品牌形象提升、公司销量和利润提升为根本落脚点，始终在部门业绩、公司收益、市场竞争、客户体验中寻求最优解。

项目经理作为项目第一负责人，一定要具备开放心态，能够求同存异去解决问题，能够顶住各方压力给项目团队创造积极的氛围。一方面，项目经理的天职就是解决复杂矛盾，技术攻坚、极限日程、有限资源、复杂合作、团队协作，甚至团队士气等因素都是项目经理的工作范畴；另一方面，项目经理要相信没有什么问题是不能解决的，只要上下一心达成共识，哪怕最终决定放弃也是一种解决方案，一定要满怀信心地一往无前，这既是团队的需要，也是自我成长。

最后，不管遇到多糟心的事，谨记克制情绪，怒火不能解决问题反而会使问题更糟。生气的阈值就是这个人能力的瓶颈，越爱生气说明越缺少解决问题的方法和审视问题的高度，工作也是一种修行，保持积极、保持热血、保持正能量，会让项目运作更加顺利。

3.4 自动驾驶系统开发的一般过程

3.4.1 开发过程的六个阶段

自动驾驶系统开发的一般过程整体遵循经典 V 模型，包括六个阶段：需求分析阶段、系统设计阶段、模块开发和单元测试阶段、集成和验证阶段、系统功能开发测试阶段、性能验收和交付。每个阶段的主要工作内容描述如下：

1）需求分析阶段：根据客户需求、法规需求、技术现状，设计具有竞争力的功能产品。首先要定义自动驾驶系统的产品形态、核心体验、功能需求和性能需求；然后确定系统在特定场景下的独特价值，并分解到具体行为和功能特性；同时要满足相关约束条件，如法规要求、安全标准、可靠性标准等。

2）系统设计阶段：明确系统、子系统以及关联系统的技术方案。首先要设计自动驾驶系统的基本架构，包含供电、通信拓扑和关键交互信号，满足各系统模块的需求；然后制定系统功能的详细设计规范，系统功能需求和架构设计进行相互验证，在小迭代中不断完善明确；最后确定系统的硬件和软件平台，进行核心元器件的选型、底层软件方案、中间件方案、应用软件的方案评估，并完成和关联系统间的握手设计，如底盘、动力、车身、人机交互等。

3）模块开发和单元测试阶段：各子模块开发和验证。首先是开发摄像头、激光雷达、超声波雷达、毫米波雷达等信号的通信和驱动，调通传感器信号；然后进行系统的软件代码开发，包含底层软件、中间件开发和应用软件开发等；最终实施单元测试，验证各个模块的功能和性能。

4）集成和验证阶段：各模块集成和整体功能测试，确保整体功能可用。将各个模块集成到整个系统中，进行系统级别的验证和测试，确保系统满足需求和规格要求。

5）系统功能开发测试阶段：整体功能的迭代开发过程，不断打磨功能和体验。对整个系统进行功能测试、性能测试和安全测试，验证系统的稳定性和可靠性。

6)性能验收和交付:进行最终的性能验收测试。确保系统符合用户需求和预期,并将系统交付给最终用户。

这六个阶段是针对自动驾驶系统的一般过程,随着软件 AI 化的逐步扩大,软件的开发会切换到算法模型和大数据闭环的双飞轮模式,会区别于基于规则的算法开发一般过程,进入更敏捷的开发状态。现在部分新势力车企已经实现了月度 OTA 的发布能力,背后与 AI 化息息相关,整个软件的开发链条更加精简。相对以前版本要依靠大量的实车测试而言,模型的快速迭代则更依赖大数据仿真场景库,通过建立场景库来评价大模型就像一道考试密卷,可以快速地定量评价新软件的能力,而实车只是对仿真结论的补充和验证,这将大幅提升模型迭代速度以及减少开发代价。

3.4.2 车型交付的四部曲

按照车型项目开发和交付的时间轴,从车型项目的起点,直到终端客户交付,大概分为如图 3-8 所示的四个阶段,分别为预研立项阶段、设计开发阶段、集成验证阶段和交付验收阶段。

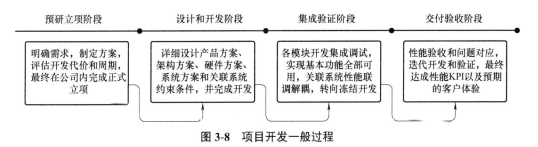

图 3-8 项目开发一般过程

1)预研立项阶段:主要目标是明确需求范围和要求、论证方案可行性、初步评估开发代价和周期,最终在公司内进行立项。这是从零到一逐渐论证的过程,复杂项目的预研一般由车型项目高级、系统专家和架构专家来做快速评估,其主要任务包含以下几个模块:首先,明确开发前提和开发目标,包含功能需求、体验要求、性能要求、法规要求、成本要求和日程要求等;然后根据需求前提制定初步的整车架构方案、零部件方案和初步系统框架设计,根据开发内容评估初步开发计划,识别关键路径;评估开发所需资源,包含人力、车辆和开发预算;论证各方可行性和代价后由项目发起者结合各个业务的综合意见,进行最终判断,如果明确继续推进,那就要开始立项了。立项后需要第一时间建立组织,明确成员组成、分工协作方式和问题决策机制。

2) 设计和开发阶段:主要目标是详细设计产品方案、架构方案、硬件控制器和零部件方案,以及系统功能设计和关联系统约束条件设计。该阶段工作一般由项目组各模块的工程师分别完成,主要任务包含:根据开发前提和开发目标,制定详细的产品方案;从市场需求出发、从客户使用最原始的需求出发,围绕着体验提升做设计;根据外部竞争环境和内部技术能力,明确产品打法,地毯搜索消除槽点,一针捅破天打造核心卖点;系统全面的产品设计,保证产品的安全性、舒适性、通行效率和友好人机交互等;根据架构方案、零部件方案和初步系统框架,详细定义架构和通信内容,进行零部件的定点和数据 Layout 以及零部件开发,同时撰写详细的功能规范和关联系统技术规范。

设计和开发阶段要坚持平台化策略不动摇,坚持平台化套餐的运作方式,包含硬件和软件,套餐方案确定后,只做套餐内的选择。设计和开发阶段要坚持正向开发为主,为题驱动为辅,用设计阶段的勤奋消除试车测试的损耗,对设计方案的二级和三级拆分内容进行详细评审。这个阶段的慢就是快,多花一天校验技术方案,就可能避免一个重大问题,并且节省由于解决该问题所投入的更多时间和资源。自驾作为复杂系统,对于关联系统技术规范一定要清晰,可明确边界条件和相互约束,特别注意传递技术约束的时候确保接收方可以理解并且可以量化和测量是否满足约束。最后还要关注重点变更管理、风险识别和对应,及时预警和快速决策,注意过往开发问题的再发防止,规避同类设计错误。

3) 集成验证阶段:主要目标是将各子模块集成到整车,通过集成开发和迭代调试,实现基本功能模块全部调通,可以与关联系统性能联调解耦,基本达到进入开发冻结的条件。该阶段主要开发任务包含:感知模型更新和部署,决策算法参数调试,控制性能参数调试,功能逻辑和整车通信适配等,实现实车握手和功能打通,最终将功能集成到实车并基本完成性能迭代;支持诊断、远程诊断、工厂和售后标定电检、OTA 等功能；通过台架测试、仿真测试、实车场地测试和道路测试，来发现功能缺陷并进行修复对策，使性能趋向成熟和稳定。

4）交付验收阶段：主要目标是完成性能验收和问题对应，通过迭代开发和验证，最终达成性能 KPI 以及预期的客户体验。这个过程主要是基于问题出发式的快速识别问题、对策和导入再验证的过程，主要包含仿真测试、台架测试、实车场地测试、实车道路测试、工厂验证测试等，确保开发的功能达成，性能达标，可靠性满足设计需求，工厂标定电检和功能检查都能达成质量管控目标，把潜在问题在交付客户前消灭掉，防止流出到终端市场，造成客户投诉和负面舆论。

第 4 章　自动驾驶系统集成实操

开发新车型时,每个汽车工程师都要具有以终为始的思维,深刻理解我们开发的是车,不单是零部件,也不单是软件。要以终为始从工程师的视角看问题,公司的最终目的是在市场上发布具备竞争优势的产品,让客户愿意买单,让竞品难以复制,一切开发和经营活动的出发点和落脚点是能够提供优质客户体验。从狭义上来讲,自动驾驶系统集成是自动驾驶软硬件、关联系统定义、设计、开发、调试、验收、发布的过程;从广义上来讲,是一个公司从公司愿景、品牌定义、产品定义、研发交付、生产供应、营销交付、售后维护的全价值链过程。

整体自动驾驶系统的全价值链开发主要有五项重点任务,分别是需求管理、技术方案管理、开发任务管理、软硬件单元开发和测试与缺陷管理,如图 4-1 所示。前文章节介绍了软硬件技术基础知识和项目管理的工程方法论,本章将重点说明在实操过程中如何将自动驾驶系统的子模块和各种关联因素集成起来,最终全量交付终端市场。

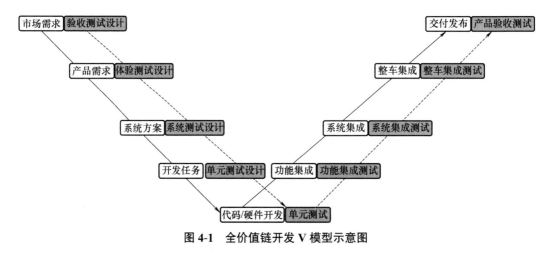

图 4-1　全价值链开发 V 模型示意图

4.1 需求管理

需求的集合就是功能，功能的集合就是版本，版本的运营就是产品的迭代。从这个角度来讲，需求是产品的最小模块，而需求集合的全生命周期管理其实就是从无到有构建正确产品的过程。关于自动驾驶的核心价值，英伟达公司的吴新宙博士曾用一句话点破："从 A 点到 B 点是刚需，玩手机是刚需，但驾驶不是。"自动驾驶功能的开发就是围绕着减少驾驶员的驾驶动作和注意力，逐渐给驾驶员松绑，直到完全替代驾驶员驾驶，这就是最宏观的需求。

4.1.1 需求定义的核心要点

回到项目开发实操中，车型项目可以拆解到关键节点，可以拆解到具体的软件版本来做管理，而软件版本的管理本质就是需求集合的管理，所以需求是开发和经营活动的出发点和落脚点。需求管理是项目成功的基石，尤其在复杂的自动驾驶系统中，需求管理的好坏直接影响到项目的进展和最终产品的质量。一般需要通过市场需求调研、竞争形势分析，结合敌我优势盘点，才能最终制定差异化、可执行、可衡量、有明确交付方案和时间的需求，这就是项目的出发点。按照一定的技术方案，完成开发和验证，最终交付达标的需求，集成版本交付给客户，就是最终的落脚点。

需求作为开发的起点，在经过系统分解后，会在硬件层面会决定架构、传感器、控制器和执行器的设计，在软件开发方面会分解为具体的软件版本，软件和硬件结合共同组成了系统开发活动。当单个系统的软硬件和其他关联系统，以及整车开发全部完成时，就构成了一款新车 SOP 或者 OTA 项目的交付。反过来讲，SOP 和 OTA 项目就是特定硬件下的可全量释放的软件版本，软件版本就是需求集合在同一个时间点的集成发布。

在实操过程中如何审视需求的质量好坏？至少要从以下核心要点进行评价：要确认需求本身的必要性、合理性、内容清晰程度；当下可行性，以及关联方可行性；整个开发周期，以及投入产出。需求审视逻辑和要点如图4-2所示，它们之间的逻辑关系如下。

1）是否代表了客户的真正需求。具体包含：基础的使用需求，让驾驶过程更加方便、更安全、更高效；同时在人机交互上还要能满足某种情绪需求，这产品很酷、品味很好、很有品质，让我的生活很有质感；最后还有一点比较容易被忽略的道德需求，整个品牌形象和产品特点是否可以支撑起自豪感，让消费者体会到国货崛起、文化自信、走向世界等感觉。

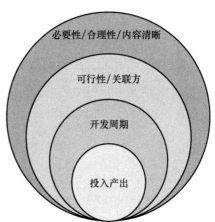

图4-2 需求审视逻辑和要点

2）是否在竞争中具有差异化，且无短板。商业是竞争，需求是过招的秘籍，首先要进行"敌我分析"：谁是我们的对手？我们是谁的对手？相互之间的优劣势是什么？比如是产品强、技术强、服务强，还是品牌强？同时也要具备分辨合作关系的能力，识别谁是可以强强合作的盟友，其实盟友无处不在，甚至完全不是一个行业的，比如酱香拿铁跨界合作，产生了较大的化学反应。集中优势兵力打对手短板，如果对手最强的是行车，那我们就比泊车，如果泊车也比不过就试试主动安全，尺有所短寸有所长，用己之所长攻其之所短，自然界没有完美的"六边形战士"，万物相生相克，集中最强的兵力打对手最软的位置。反之，你要思考自己的短板是什么，你的对手会如何攻击你，在高手的眼中双方的优劣势都是明牌，最后比的就是闪转腾挪、资源配置，是格斗，是博弈。在自己的优势领域持续巩固头部地位，产品上做到人无我有、人有我精，但要注意一旦进入瓶颈期，同质化越来越严重时，要具备开发第二战场的能力，全员皆精则开辟第二战场。

3）产品需求设计和描述是否清楚。产品需求要围绕价值挖掘、需求定义、核心亮点定义，明确具体解决了客户的什么问题，站在客户使用场景的角度，用客户的语言来讲当前产品存在什么痛点，其实这些未被满足的痛点本身就是需求的源头，解决大范围的痛点就是很坚实的产品价值。同时，也要关注是否存在竞品未能发掘或无法做到的差异化价值，而差异化往往也是核心亮点。

比如自动泊车在窄车位可能刮擦外后视镜，如果识别到车位小于阈值，后视镜自动折叠；过窄车位泊车后驾驶员无法推门下车，则可以考虑在窄车位提前让驾驶员下车，做离车泊入。功能形态和人机交互逻辑定义，对亮点feature（特性）进行分解。对于功能形态的定义，需要明确启动方式、系统执行、过程交互、结束交互，功能的启动可以通过实体开关、触屏开关、语音指令、手机App端等多种方式，用最少的操作提升便利性，并进行简洁清楚的状态提升。还是以离车泊入为例，依靠感知识别、规划避障等技术能力最快最安全地完成泊车操作后，车辆自动驻车、安全锁车、通知车主、智能下电，整个功能形态和feature简洁清晰，最终突出人在车外的亮点feature，相对人在车内的泊车能力和过程相当，但通过产品交互和形态的转变，让整个功能体验大幅提升，极大地释放了人的注意力，并且解决了窄车位停车难下的问题。

颗粒度层面要满足具体、可测量、可验证、分层描述，需求描述应具体到可操作的层面，比如拨动拨杆一次，开启行车功能；每个需求应附带具体的测量标准和指标，比如拨动拨杆时，功能在50ms内开启，并且50ms应该可以根据具体检测信号来测量，以及通过主管评价做验收；最后要分层描述，第一步拨动拨杆，拨杆转动角度达到总行程60%时触发功能启动，功能被触发后，50ms内状态机跳变，状态信号发送给显示器，功能从Standby进入Active，同时图标由灰色变为蓝色，并进行语音提醒"功能已开启"。这里只是做一个示例的展示，在实际操作中要聚焦新功能、新场景和新技术的相关需求进行详细描述，而对于一般简单替换文字、替换声音效果的需求则不需要进行过于详细的描述，直接纳入开发任务即可。

4）是否具备可行性，是否在当下具备可行性，如何确保一次到位，减少反复修改。首先在技术方案层面，当前架构、控制器算力、传感器类型和覆盖范围、算法能力等，是否可以支撑当前的产品方案，无技术支撑的产品方案是空中楼阁不可落地，这里产品和研发要进行高频的沟通核对；然后在交付周期和开发资源方面，最终取决于技术储备和开发资源的投入，产品需求一定要有明确的交付时间，但有些交付时间确实具有不确定性,在需求管理上要具有可上可下的灵活性;还有非常重要的一点,决策机制是否高效,以及是否可以让优秀的方案得以落地,让重大错误得以避免;最后,不管是产品方案 PRD 还是技术方案、开发周期,需要进行深入的正向评估,并且经过正式决策后方可纳入版本开发,以保证可行且足够的开发资源。

5)需求流转路径是否清晰,如何防止漏球。先讲外部流转,对外专业的开发需求要统一工具,清单化管控,双方对接一致,录入系统,相关方都可见流转状态,并且明确外专业的开发特点,尤其是一些非自研的、仍然委托供应商开发的传统模块,更要考虑到需求的正确传递,确保过程不打折,交付能按期。再回到内部流转层面,涉及产品、研发、测试、质量、项目等各个角色,需求的状态要清晰可见,包括当前的节点是什么,负责人是谁,对应的开发任务有哪些,下一步流转到哪个环节,以及过程中是否有缺陷阻碍节点按期完成。

4.1.2 需求管理的思路

整个需求管理的节奏,要开发一套、规划一套,通过需求池、技术库,规划中长期的产品 Roadmap 和技术 Roadmap,最终通过取舍优先级,在项目 Roadmap 上形成落地计划。需求、技术、项目三者密切合作,以产品驱动需求为牵引,以技术能力为支撑和前提,以项目协同开发规划为载体,三者相辅相成,共同形成了规划层面的主脉络。

需求不是靠简单收集出来的,而是规划和设计出来的,要具备终局意识和长线思维,根据 Roadmap 自上而下推进大需求、全新功能、核心 feature,自下而上补充具体细节做查缺补漏,共同完善需求池。这个环节应该足够重视并投入足够的资源,一方面站在第一性原理角度思考如何给客户更方便的体验,另一方面也要对行业的发展阶段和竞争态势有充分的调研和把握。最终的需求收集与分析只是走一个流程,是带着答案核对答案的过程,比如是否代表了用户需求和市场竞争,这是需求管理的出发点和落脚点。在安全性上,要确保乘客和行人的安全,所有用户都会期望系统能在各种复杂环境下安全运行,这是前提。紧接着是舒适性,是否足够被考虑，过多制动、过多避让也许符合安全性原则，但如果太敏感，会让用户有很差的体验，甚至不会再使用该功能，所有用户都希望自动驾驶系统能够提供平稳的驾驶体验，避免急加速、急制动和剧烈转向。除了安全、舒适，还有可靠性以及通行效率，系统需要在不同天气和道路条件下都能稳定运行，系统应该易于使用，提供直观的用户界面和便捷的操作方式，并且系统能够提供和人类驾驶相当的通行效率，龟速的车辆最安全和舒适，但无法到达目的地一样不是好的产品设计。

除了考虑用户本身的需求，还要梳理公司层面的业务需求，这里的业务需求定义了系统需要实现的商业目标和业务功能。对于自动驾驶系统，业务需求包括市场定位，即明确产品的市场定位和目标用户群体，以及竞争分析，要分析市场上已有的自动驾驶产品，确定自身的竞争优势和差异化策略。还有盈利模式，定义产品的盈利模式，如销售车辆、提供出行服务、数据服务等。例如，用云端驾驶员远程监控的方式可以解决自动驾驶的 corner case，但是需要极大的后台运营成本，如果一个产品在商业上无法闭环，那么它也无法量产落地。此外，所有功能和需求的设计都要遵循法规要求，确保系统符合所在市场的交通法规和行业标准。

客户需求和业务需求论证的是必要性的问题，但可行性一定是需要技术来回答，技术方案是实现用户需求和业务需求的中间桥梁。一方面是系统架构、传感器型号、控制器型号、核心算法、关联系统执行、HMI 显示，以及高阶自动驾驶的冗余需求是否可以得到满足，系统性能是否可以得到保证，包括功能激活条件、使用场景、响应时间和特性等；另一方面技术方案也必须具有足够的可支撑量产的可靠性，包括系统的冗余设计、故障检测和恢复机制等；同时还要考虑到系统安全性，包括隐私数据加密、远程操控身份验证、入侵检测等。

当从各个角度审视好需求本身后，需要编写需求文档，完成用户产品方案的描述和信息的传递。需求文档是需求管理的重要成果，是开发团队理解和实现需求的基础。首先要完成需求规格说明书，它是需求文档的核心，详细记录了系统的各项需求，包括需求编号，每个需求都有唯一的编号，便于跟踪和管理；需求描述是详细描述需求的内容和背景；需求优先级则是标识需求的重要性和实现的优先次序；需求来源则记录需求的来源和提出者；定义需求的验收标准和测试方法；需求分类是将需求分为功能需求和非功能需求，功能需求描述系统应该做什么，非功能需求描述系统如何做。另外从颗粒度上，需求可以分为 Epic、Feature、Story、Task 四个等级，它们分别代表宏观的愿景和目标、具体的产品功能和特性、用户角度的产品功能详细描述以及具体开发任务。它们是按照逻辑结构逐渐细化分解的过程，相互之间的关系如图 4-3 所示。

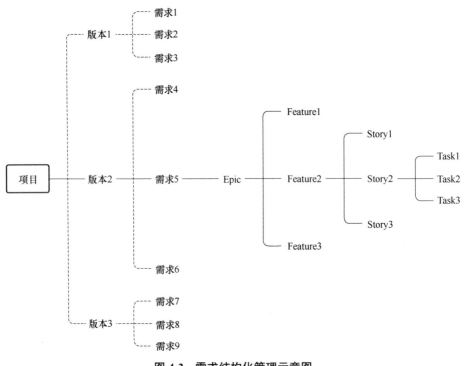

图 4-3　需求结构化管理示意图

待正式发布的需求集合会先以需求池的形式存档，当需求被评审通过后就可以正式纳入项目版本，同时把产品需求文档（Product Requirement Document，PRD）记录在需求管理系统中，关联开发方案和测试缺陷，让需求与设计、实现、测试建立一一对应的关系，确保每个需求都能被验证和实现。PRD 也是设计的源头，是系统工程师的重要输入之一，系统工程师会根据 PRD 制定系统方案，撰写功能开发方案，当然也会根据技术现状反向约束 PRD 的范围和性能。测试工程师也会依据 PRD 做验收用例，再结合系统工程师的功能规范做开发测试用例，对研发工程师的软硬件交付进行测试验证，反馈验收报告和重点问题。如图4-4所示，PRD在衔接各角色的过程中发挥了重要的纽带作用。

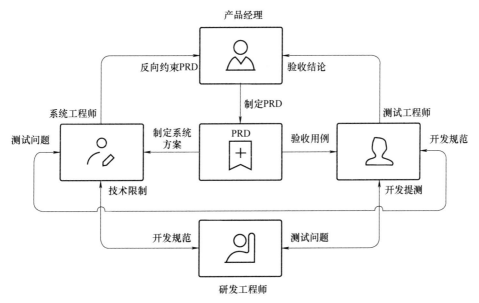

图4-4　PRD在各角色间的传递关系

这个需求池经过公司认可后转换成具体的项目执行需求，后续所有的需求增减都需要在项目开发过程的需求变更管理中进行维护，需求变更管理是需求管理的重要环节，确保在项目过程中对需求的变更进行有效控制和管理。需求变更流程的本质是决策体系，用简单的变更控制流程归纳审批路径，依靠需求委员会对增减需求进行判断，同步修正新的项目开发计划和资源，更新整体交付目标。也正是通过这种决策机制，保证需求变更的评估、批准和实施流程按规则有序推进，公司上下实施明确开发内容和交付目标，确保变更不会影响项目的进度和质量，或者说所有相关方对于变更后带来的影响具有普遍共识和一致预期。需求变更的流程类似于传统零部件开发的设计变更管理，只不过这种软件开发模式下的需求变更会更轻便，流程也会更简单一些，具体的步骤包含变更提出、变更评估、变更批准、变更实施和变更验证。具体来说是先由需求管理者提出变更请求，在项目团队中评估变更的必要性和可行性，再由项目管理委员会或相关负责人批准变更，给予相关的开发资源支持，然后开发团队根据变更请求进行修改和实现，最后由测试团队对变更进行验证，确保其正确性和完整性。这里需要强调的是，需求的变更一定是从产品、研发、测试整个过程的对齐，需求是版本的核心组成，直接决定版本交付内容，其变更的管理甚至直接决定交付的质量，是开发过程管理的重要一环。因此，对于需求变更的影响分析需要评估更细，每次变更都需要进行影响分析，尤其是涉及关联系统协同开发的，一定要评估变更对项目时间、成本和资源的影响，审视变更是否会导致项目延期，需要多少额外时间；变更需要多少额外成本，包括人力、物力和财力；资源影响，变更是否需要额外的资源，如新增设备、软件许可等。通过有效的需求变更管理，可以确保项目在需求变化时仍能按计划进行，并最终交付符合用户期望的高质量产品。

4.2　技术方案管理

前文提到过，车型项目的交付是产品Roadmap、技术Roadmap和车型Roadmap的具体应用。在具体车型项目中，产品Roadmap的载体是具体需求，而技术Roadmap的载体就是技术方案，这里技术方案包含两个维度：一个是整车系统方案，描述的是整车架构和系统间的相互约束；另一个是具体功能模块的技术方案，比如感知模块、融合模块、定位模块、规划和控制模块等，以及功能状态机管理和HMI交互模块。它们共同回答了需求的技术方案。

4.2.1　技术方案管理的四个维度

自动驾驶技术的开发和管理是一项复杂且多维度的任务，并且技术迭代迅速，为了有效地进行自动驾驶技术的开发和管理，通常需要从以下四个维度进行考虑：新规性、复杂性、前瞻性和拓展性。

顾名思义，新规性是指技术方案的创新程度，从高到低一般可分为四个等级：行业首次使用、公司首次使用、沿用变更、完全沿用。对应于新规性层面，行业首次采用是新规性是最高的，公司首次使用是较高，现有方案做局部优化提升可能就只是中等，如果核心逻辑完全沿用只是适配调参则新规性就是低。例如，行业首次采用BEV、占据网络、端到端大模型的开发难度和开发投入相比后来者肯定都是最高的，而一旦率先把全新技术投入使用，就会和其他竞争者拉开代际差异，收益也可能是最大的。对于这种行业首创的新技术方案，要在公司战略层级进行部署，调动业内顶尖人才和研发基础设施，在相当长的时间周期内经过调研、Demo、有效性验证、技术改良等步骤后逐渐投入量产，一般由公司CEO和CTO联合管理。第二个等级是公司首次使用，要详细分析领跑者的技术方案，甚至通过第三方咨询机构或者人才引入的方式，快速调查清楚技术方案，并且根据自己公司的技术特点进行改良和优化，最终通过预研、Demo逐渐形成自己的技术方案。这种公司首次使用的新技术至少需要技术部门负责人带领核心技术骨干亲自上阵。

而对于沿用变更和完全沿用，则只是属于适配性开发，这种开发其实是最多、最常见的。例如，整车传感器布置变更导致的模型参数适配、标定参数适配、整车控制参数适配等，以及由于自身控制器或者传感器变更，导致的局部开发适配，如更换摄像头、毫米波雷达和超声波雷达，也有可能是关联件的变更引入的适配工作，如底盘EPS和IPB切换供应商等。

对于不同新规性要采用不同层级的Review（审核）机制，低、中、较高、最高，分别对应小组级、部门级、总部级、公司级的资源投入，来保证开发顺利进行，风险充分识别。

复杂性是指单个系统的深度以及多个系统的耦合程度，它代表了系统开发的难度。不管是感知大模型还是规控大模型，单个模块具有足够高的复杂度，如果需要对这汇总核心算法模块进行重构和升级，其开发会涉及整个软件全栈的变动，比如可能涉及修改摄像头驱动参数、修改感知网络架构、调整上游输出的内容属性和数据结构、适配下游输入内容、下游模型更新，直到运动控制和底盘控制模块的全部适配。在单个系统内，修改范围和影响面决定了自身的复杂度。另外一个层面，即使自身修改不复杂，但是如果这个技术方案需要多个系统联合开发、联合导入才能实现，那这个系统的复杂性需要得到更多重视，即便单个问题的难度中等，但多个方案组合起来也会成为高难度的技术方案。例如，一个HMI显示元素增加的功能，可能涉及自动驾驶感知模块追加目标类型、提升识别精度、状态机逻辑调整、新增通信握手信号、整车架构链路变更、显示逻辑修正和 UI 设计等多个模块。

前瞻性是指技术方案要具备一定的未来视角，以终为始来评价这个技术方案是否可以成为开发的主逻辑，是否可以在未来 3~5 年保持架构、域控和核心传感器不变，行业内的发展方向是什么，以及其他友商还有没有更新更好的解决方案。要始终站在全局最优的角度来审视技术方案，而不是仅从局部最优的角度来看当下的问题，比如整车架构的只做小型修修补补短期看来是局部最优的，但如果考虑到接下来的十次变更，就不如统一做架构升级，那么整体的开发和管理成本可能会更优。打得一拳开，免得百拳来，这就是前瞻性的价值。从前瞻性角度考虑要不要做一个技术的时候，一定要落脚到能不能让整个系统硬件成本更低、开发代价更低、全价值链包含工厂和售后的开发维护代价更低，以及性能的天花板是否变得更高、是否有益于关联系统间的开放式合作。

拓展性是方案的模块化思维体现，要能够在未来通过模块化的拓展实现技术方案的升级，而不是只能靠完全推翻旧方案才能使用新方案。方案间应该具有延展性，保护开发的核心技术和精华能够得以传承，从而构建技术的护城河。比如传感器和硬件控制器代际解耦，一代传感器可以跨越多代控制器方案的更迭，或者是一个控制器方案可以支撑多套传感器的代际更迭，这样一方面可以减低开发复杂度，另一方面在做局部性能升级或者降本开发时具有足够的灵活性。再细化到具体的控制器，甚至控制器的核心芯片都可以做单独升级，可以是直接插拔，也可以是简单的外设统一设计，这种可扩展性需要在设计之初就做好相关的设计兼容性预留。这种方式可以让技术方案快速应对未提前考虑到的市场新需求，通过扩展应变提升技术方案整体的竞争力。

4.2.2 技术方案管理的核心能力

自动驾驶技术方案管理需要跨越多学科、多领域的合作和协调，因此，管理自动驾驶技术方案的核心能力不仅限于技术层面，还涵盖了跨团队合作和商业策略等多个方面。以下是自动驾驶方案管理的五大核心能力的详细论述：

1）技术理解力：技术理解力是管理自动驾驶技术开发的基石，是一个技术和管理综合型人才的核心能力之一，需要对自动驾驶技术的各个组成部分，如架构、零部件、系统方案、关联系统方案、感知算法、决策算法、控制算法、地图与定位、操作系统、诊断电检、标定等各业务都有深入的理解；同时，还应具有前沿跟踪和竞品对标的能力，需要持续跟踪和学习最新的研究成果和行业趋势，确保团队技术能力与时俱进。这个理解力最终是通过业务实践经验积累得来的，通过实际项目积累的经验，理解技术在真实环境中的应用和限制，能够有效指导团队解决技术难题。

2）拆解和总结能力：拆解和总结能力是将复杂的自动驾驶技术和项目任务分解成可管理和可执行的小任务，并总结出有效的解决方案。首先是任务分解，需要方案管理者能够将整体项目分解为具体的任务和子任务，明确每个任务的目标、时间节点和资源需求，确保项目推进的有序性；然后需要对核心问题进行分析，善于识别问题的核心原因，将复杂问题拆解成基本问题，找到症结所在并制定解决策略；最后还要能够把各子模块的技术原理汇总成整体方案的可行性评估，以及整体技术方案的思路概括，快速形成基本的技术方向判断。

3）跨团队组织能力：跨团队组织能力涉及在不同团队和部门之间协调和整合资源，确保项目顺利推进。首先要具有良好的沟通协调能力，懂得各方的立场、诉求、能力和需求，可以洞察各方期待的输入和可以提供的输出，在多个技术模块间深入思考问题症结，创造性地提出解决问题思路；并且在各模块专家的分析做证下形成解析问题的思路和方向，带领各模块技术团队相向而行，能够在技术团队、产品团队、运营团队和商业团队之间有效传达信息，消除误解和障碍，其本质是做资源的整合；能够识别和整合内部和外部资源，包括技术资源、人力资源、资金等，通过解决各模块矛盾冲突，建立有效的协作机制和工作流程，来确保项目所需资源的最优组合，形成最大合力。

4）洞察技术本质的能力：洞察技术本质的能力是指对技术的核心原理和本质有深刻的理解，并能预见其未来发展方向和应用前景。类似第一性原理，要对方案的本质有充分理解，不仅了解技术的表面现象，更要深入理解其背后的原理和机制，能够识别出关键技术的核心价值。例如，问题的表现可能是横纵向的控制体验不佳，但深层挖掘可能是规划控制的问题，再去剖析可能会发现问题的本质在于感知和融合的缺陷。透过现象看到本质，在本质上做功，是精英人士的共同特点。同时还要具有趋势判断的能力，能够预测技术的发展趋势和可能带来的变革，提前布局和准备。最后是批判和创新思维，可以洞察和批判当前的不足，可以犀利地看到问题，并且鼓励和引导团队在技术应用上创新，寻找新的应用场景和商业机会，推动技术突破。

5）商业思考能力：商业思考能力是将技术和产品与市场需求和商业模式相结合，确保技术开发具有商业价值和市场竞争力。具体包含市场分析能力，即具备对市场需求和竞争态势的敏锐洞察，能够识别潜在的市场机会和用户需求；还有商业模式设计能力，设计可行的商业模式，确保技术能够转化为具有市场竞争力的产品或服务，无法盈利的技术就无法落地；同时还要能够评估技术方案的商业价值和投资回报，做出合理的投资决策和资源配置；最后，商业的本质是满足客户需求，提升用户体验，确保产品和服务满足用户需求，提升用户满意度和市场接受度。

管理自动驾驶技术方案需要综合多种核心能力。技术理解力确保管理者对核心技术有深入掌握；拆解和总结能力帮助将复杂问题化繁为简，制定有效解决方案；跨团队组织能力确保不同团队之间的高效协作；洞察技术本质的能力帮助识别技术的核心价值和未来趋势；商业思考能力确保技术开发具有明确的市场导向和商业价值。这些能力的有机结合，是成功开发和推广自动驾驶技术的关键。

再回到自动驾驶技术方案的一般内容总结，技术方案的起点是开发需求，打法是架构先行，硬件搭台，软件唱戏，体验打分。首先根据开发需求，制定系统方案，明确架构和通信方案、控制器核心元器件选型、传感器硬件方案选型等，根据传感器的精度、探测范围、响应速度和成本选择合适的传感器，根据算力需求和可靠性要求选择合适的计算平台，如CPU、GPU或专用的自动驾驶芯片。软件层面包括底层软件和应用软件，首先确定底层软件的操作系统和开发框架，确保系统运行的稳定性、数据传递和处理的实时性。自动驾驶的应用层软件逐渐AI大模型化，在未来的2~3年内会从感知规控两段式大模型变成一段式端到端模型，并且智能驾驶和智能座舱将会进行深度融合，在整车逐渐形成大一统的超级智能 AI 模型，AI 模型能力的增长遵循 Scaling law（规模化法则），会在大模型、大数据、大算力平台下进入幂次提升期。未来的自动驾驶胜负手在于 AI 大模型，而自动驾驶只是科技公司在驾驶领域的实际应用之一，它同时为后续的机器人开发奠定了坚实的基础。自动驾驶端到端加上座舱的语音大模型，将和图 4-5 所示的家庭服务机器人无缝对接，在不久的将来这一领域将会迎来蓬勃发展。

图 4-5　家庭机器人服务场景（来源：特斯拉官网）

在技术管理工具上，需要能把开发需求和技术方案一一对应，形成明确的映射关系，方便技术溯源，以及需求开发难点的识别。在技术方案的基础上，需要再拆解到具体的开发任务或者模块代码开发工作，成为日常开发和管控的基本单位。在流程和体系上，从方案制定、评审、存档、变更、计划、所需资源、负责人、Deadline（最后期限）等各个维度进行管控，确保责任分工和业务流程清楚、任务流转清晰，以及偏差识别和对策决议正确。对于技术方案的管理，核心是技术方案正向评审和闭环验收颗粒度，一方面通过研发评审，把相关方和专家团的经验得以汇聚，对于基础类研发任务要有清晰的研发任务列表和自动化检查工具，对于新技术攻坚的代码开发，要具有快速的仿真结果反馈，做敏捷式迭代；另一方面闭环验收的颗粒度直接决定了交付的最终质量，功能点检层面要结合用户使用场景，穷举功能逻辑触发和响应，性能验证层面一定要结合用户高频使用场景，有主次地进行侧重性验收，确保性能 KPI 和产品体验得分全部达标。

4.3 开发任务管理

自动驾驶技术的开发任务管理是一项复杂的系统工程，涉及感知、决策、控制、高精地图与定位等多个模块的紧密协作。为了确保开发任务的高效推进和成功实施，必须对开发任务进行系统化的管理。

4.3.1 开发任务管理思路

开发任务的源头是需求，要将需求转化为具体的开发任务，并对任务进行分配、跟踪和管理，确保项目按计划进行。开发需求会先形成技术方案，技术方案再拆解到具体开发任务，需求、方案、任务三者之间具有一一映射关系，从需求可以看到明确的技术方案，从技术方案可以看到清楚的开发任务，从开发需求也可以直接看到关联的开发任务。一般来讲开发任务是项目执行的最小单位，对应着具体的工作包，有明确的输入、输出、完成标准和责任人。本节将介绍从自动驾驶需求拆解到开发任务后的有效管理方法，说明任务管理的核心内容和注意事项。

任务管理的核心内容包含需求拆解与任务分解、任务分配与团队组建、项目计划与时间管理、资源管理与冲突协调。通过对自动驾驶技术需求的详细分析，将整体需求分解为多个可管理的子任务，这一环节并不简单，需要系统工程师深入理解用户需求和市场需求，并且非常清楚整个系统开发内容，根据需求和场景制定任务的技术方案，明确技术指标和性能要求。这里提到的任务的技术方案，包含感知、决策、控制、高精地图与定位等多个模块，每个模块都又可以再细分为具体的子任务。这里的核心是既懂需求，又懂场景，又懂系统，又能拆到技术栈，把技术任务分解到具体的工作模块。接下来就是任务分配与团队组建，任务分配和团队组建是确保每个子任务顺利进行的关键，从管理角度，一切成功都是用人的成功，一切失败都是用人的失败，所以务必重视任务开发团队的人员组成和经验情况，并根据团队成员的技能和经验，将任务分配给合适的人员，确保每个子任务都有明确的负责人，确保有清晰的业务运转流程和机制，并且在各模块出现冲突时由决策委员会及时认可正确的方案以及规避失败的风险,使得跨学科、跨领域的多功能团队能够高效地协同工作,包括零部件团队、系统设计团队、感知团队、决策团队、控制团队、高精地图团队等。

项目管理的精髓是目标、风险和资源的管理,但实际落地很大比重是在抓项目计划,因为目标、风险和资源,往往都是暴露在开发计划里的,项目计划和时间管理是确保开发任务按时完成的重要环节。在设计阶段,产、研、测各模块一起制订详细的项目计划,包括任务的启动时间、关键里程碑和交付时间等,明确每个子任务的时间节点,对开发范围、达成路径、各方分工等形成充分共识。这是管理的源头和抓手,后续只需要按照共识的计划实时跟踪任务进度,确保各个子任务按计划推进,及时调整计划应对进度偏差。调整偏差需要的就是资源,用资源换时间,用资源化解风险,只要资源足够大,任何事情都能做成,资源管理和协调是保障开发任务顺利进行的基础。通过合理配置和调度人力资源、物资资源和资金资源,确保每个子任务所需资源的及时到位,并且在出现问题和冲突时,能够通过协调和决策机制消除风险,采纳良策,使得业务向好发展。

在创新业务开发管理的战场上,枪声一响计划就废掉了一半,项目管理的核心精髓是打运动战,动态地审视风险和趋势,兵来将挡水来土掩,可以具体问题具体分析,用灵活的方式化解风险。风险管理是识别和应对开发过程中的不确定性,降低风险对项目的影响。如何识别风险?需要有经验的专家团队,定期进行风险评估,识别潜在的技术风险、进度风险、资源风险等,并且对每个识别的风险制定应急预案,确保在风险发生时有可行的解决方案。这个过程中,沟通特别重要,高效的沟通机制是保证团队协作和信息流畅的关键,要有分层沟通机制,确保信息上传下达,可以通过定期召开项目例会,汇报进度、讨论问题、协调资源,确保各团队之间的信息共享和及时反馈。同时,要广泛获取各方信息,通过即时通信工具进行实时沟通,解决日常问题和突发情况。最后,一定要做好沟通过程的记录,有议题、有思路、有结论、有依据,建立统一的文档管理系统,存储项目相关的所有文档和资料,便于查阅和共享。

研发过程要讲逻辑链,验证过程要讲证据链,要用清晰的 KPI 和测试结果呈现真实的开发质量,质量控制和测试是确保开发任务按质完成的重要措施。从项目前期就要明确开发目标,并制定明确的质量标准和验收标准,确保每个子任务符合预期的质量要求,这也是后续质量管理的依据。这里提到的测试与验证包括单元测试、系统测试、集成测试等,确保系统的稳定性和可靠性,还有内测、公测和灰度测试,这些都是发现问题的手段和方式。最终目标是暴露并解决问题,把更优质的功能和体验交给客户。

4.3.2 开发任务管理案例

下面叙述两个简单的实践案例,来加深对任务管理的理解。

案例一:感知能力提升的开发管理

需求是提升对于小动物的感知能力,目标类型方面需要至少识别狗、猫两种常见宠物,可以提供目标的位置用于 HMI 的显示,可以区分小动物的运动属性,比如静止、行走、奔跑等状态。

研发工程师首先要判断到底根据纯视觉做感知,还是用融合方案。如果是融合方案,那么感知系统涉及多种传感器(如激光雷达、摄像头、毫米波雷达等),每种传感器的开发和集成都需要独立的子任务和团队,并且在拆解后还可以再把子任务集成到需求层面,并进行需求和体验的验证评价。这里以纯视觉方案为例,研发会聚焦到视觉感知能力提升来制定技术方案,一方面要通过采集、标注、训练更新模型能力,另一方面要增加感知的输出接口,把识别结果传递给下游。

首先要对目标进行采集,选取不同尺寸、不同毛色的猫和狗,分解为具体尺寸的定义,以及静止、运动、白天、黑夜场景的定义,分别采集各种相对位置下的动/静态图像和视频,然后进行标注和训练。由视觉负责分类特征检测和结果属性的输出,更新迭代一版模型后,进行仿真验证和实车测试确认效果达成预期后,转板端移植,最终将模型交付在实车软件中。

将具体的开发任务拆解到数据采集、感知、测试等模块,然后按照各模块分工分配给对应的团队,并指定负责人。任务分配时要明确任务的需求来源、所属技术方案,以及预期收益,并且还有清晰的测试用例设计来保证预期收益可量化、可测量。在资源管理方面,需要合理配置开发所需的硬件资源和计算资源,确保每个子任务的顺利进行。

案例二:决策与控制系统的开发管理

决策与控制系统是自动驾驶技术的核心,涉及复杂的算法和实时控制。

1)需求拆解:减少不必要的制动和变道,使之更加拟人化,将决策与控制系统的需求分解为路径规划、决策算法、控制算法等子任务。

2)任务分配:根据团队成员的技能和经验,将子任务分配给对应的算法团队和控制团队。

3)时间管理:制订详细的项目计划,明确各子任务的时间节点和里程碑,实时跟踪任务进度。

4)质量控制:在各个开发阶段进行全面的测试与验证,包括仿真测试和实际道路测试,确保系统的稳定性和可靠性。

自动驾驶开发任务的有效管理是确保项目成功的关键。通过明确需求与目标、合理分配任务与资源、建立有效的沟通机制、重视风险管理与应急预案、注重质量控制与持续改进,可以确保开发任务的高效推进和按质完成。在实际管理过程中,需要结合具体项目的特点和需求,不断优化管理方法和流程,提升整体开发效率和质量。

4.4 软硬件单元开发管理

硬件单元的开发基本遵循 V 流程,软件开发既有 V 流程的框架,又复合了敏捷开发的循环迭代思路,但无论如何软硬件单元开发是确保整个系统功能和性能的关键环节。本节将详细论述自动驾驶软硬件单元开发的核心内容、方法论和注意事项,以确保开发质量和效率。

4.4.1 软硬件单元开发管理思路

软硬件单元开发需要在硬件和软件的设计、开发、集成和测试方面进行严格的管理,并且要时刻回到整体架构层面来思考每个单元的作用和开发风险。

一般来讲,如果不影响交付周期和交付质量的过程管理可由各模块自行处理和优化提升,可一旦遇到卡点无法正常进行,那么项目管理者就要指定或者亲自作为领航员深入开发过程,并召集各相关模块专家进行综合分析和诊断,识别核心风险,并集思广益引导各专家团发挥专业知识,打通各模块间的壁垒,提供更好的思路和建议,从而充分发挥专家团的力量,在领航员的牵引下攻克难题。正所谓要破局,先入局,通过了解前因后果和各模块的沟通调查掌握全局信息,用解决问题的思维逻辑组织和调动专家团消灭疑难问题,使其回到正常开发轨道,进入各司其职的正常开发状态,这就是业务型管理者核心的作用之一。然后只需要对要求和目标进行审视,对开发过程进行基本 Review,以及对验收结果进行判断就基本足够了,当然除了当消防员,还要能够防患于未然,把每次出现的问题进行复盘。不管是能力、意识还是机制,归根结底一切问题都是管理的问题。

那么实操阶段对于软件单元开发和硬件单元开发,具体管理管什么?基本内容如图 4-6 所示,包含需求定义、方案制定、任务拆解这些共同模块,以及硬件设计的元器件选型、PCB 和机械本体设计、DV/PV 验证,以及量产移行工作。软件则是聚焦代码编写和测试的迭代,重点管控代码 Review 和测试手续,保证每笔 MR 代码开发的有效性。

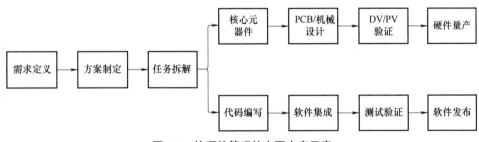

图 4-6 软硬件管理的主要内容示意

软件单元开发管理层面,开发的源头是需求,所有的需求必须清单化,需求数量清晰,需求文档界定清楚,内容含义传递清晰,明确软件功能需求,并且需求应该有清晰的、在产研测达成共识一致的优先级排序,以便合理安排开发资源。接下来就是设计方案，整体的软件架构设计要确保系统的可扩展性、可维护性和性能。各算法模块根据需求制定软件模块设计书，明确各软件模块的功能和接口。值得一提的是，项目轴需要和行政轴一起确保整车开发的参数全部得到正确适配，避免遗漏，避免过往的问题再发生，要求技术负责人进行代码审查，及时发现和纠正潜在的问题。对软件的 MR 集成过程进行清晰的管理，确保每笔提交的代码都是经过代码 Review 以及测试验证的，通过清晰的规则和发布流程，保证每版软件的可靠性。在代码提交上要按照少而精的方式去管控，确保每个 MR 都能发挥其作用，业务价值不显性的宁缺毋滥。最后是管理测试计划，包括单元测试、集成测试、系统测试等，指派测试负责人对测试用例进行产研测的 Review，确保台架、实车测试的效率和覆盖率。并且可以将测试问题分门别类地挂在统一的系统工具中，按照统一规则制定优先级，并根据优先级制定问题分析和对策的时间要求。

  不管是传感器还是控制器，硬件的设计基本是围绕着关键元器件进行的，元器件的选型其实是硬件设计的重点前提，它直接决定了硬件的能力。所以，硬件单元管理非常重视前期的选型论证和功能设计，在实际开发和过程中会更重视硬件设计本体的一次正确性和耐久可靠性。硬件迭代的代价和周期是巨大的，必须在 PCB 设计阶段、机械本体设计阶段做充分的仿真和样机测试，可以通过严格的实验认证，比如机械类的冲击振动耐久、高低温循环、盐害耐久和 EMC 性能等，并且在多轮样机 DV 和 PV 的验证下确保最终符合设计要求，直到达成生产标准。

  硬件开发其实又不完全是硬件，还包含着软件开发。比如传感器是自动驾驶系统的"眼睛"和"耳朵"，负责环境感知和物体检测，就要做软件的开发，最终给控制器输出雷达目标点云或者特定要求和处理的视觉图像，并且还要确保其具备足够的精度和探测范围。在开发过程中，还会将传感器集成到车辆中，确保其位置和角度优化，能够覆盖所有必要的检测范围。对传感器进行摸底评价，确认其感知输出性能是否达标，对感知问题进行对策和调整直到满足要求。另外还需要注意对传感器进行校准标定，确保其测量数据的准确性和一致性，通常包含动态标定、静态标定和自标定。

  值得一提的是，硬件开发涉及传感器、计算单元和通信模块的设计和实现，这里要求零部件开发工程师,既要清楚如何满足系统功能开发需求,又要明白零部件的具体硬件设计,包含机械结构设计、PCB 设计、DV 开发验证等。可以和软硬件工程师沟通技术细节,理解他们的开发风险和困难,另外又要避免陷入非自己专业领域的细节,反而干扰了正常的开发规律和节奏,这里的介入程度是管理者要去平衡的点。

软件模块包含底层软件、中间层软件和应用层软件,首先需要确保通信链路和各模块的交互和握手,比如系统内部传感器和控制器,以及各模块 App 的通信模块开发,打通自动驾驶系统的数据传输通道,实现系统内和系统间的可靠通信。在此基础上开始软件模块的开发,涉及环境感知、决策控制和用户接口的设计和实现。一方面是软件代码开发的有效性管理,另一方面是多代码提交和集成的管理,核心角色是 ScrumMaster、算法工程师、产品经理、系统工程师和测试工程师。其中,产品经理负责动态调整需求优先级,系统工程师和算法工程师根据产品待办事件列表制定冲刺待办事项列表,算法工程师完成代码更新,提交 MR 给测试做验证,通过后经过 ScrumMaster 审核手续集成到软件主分支。在这种敏捷开发模式下,通常可以每日发布软件版本,甚至每日发布多个版本,以小步快跑的形式进行快速增长迭代。

4.4.2 软硬件单元开发管理案例

下面通过具体实例说明自动驾驶软硬件单元开发的内容和困难点。

案例一:感知模块开发

开发内容包含传感器数据采集、数据预处理、目标检测、目标跟踪、数据融合等过程。先通过摄像头、激光雷达、毫米波雷达等传感器获取环境数据,再对采集到的原始数据进行滤波、去噪等处理,提升数据质量;然后利用深度学习算法进行目标检测,识别道路上的车辆、行人、交通标志等,根据识别结果进行多目标跟踪,确保能够持续跟踪移动目标的位置和速度;最后对多传感器的识别数据进行融合,提升感知系统的整体精度和可靠性。

在开发过程中也会遇到各种困难点,比如多传感器同步问题,不同传感器的采样率和延迟不同,如何实现多传感器数据的时间同步是一个技术难题。而且自动驾驶对感知系统的实时性要求极高,需要在毫秒级别内完成数据处理和决策。还有在不同天气、光照条件下,传感器的表现会有较大差异,如何保证系统在各种环境下的稳定性是一个挑战。此外,深度学习算法需要大量的计算资源,如何在有限的硬件资源下实现高效的算法运行是一个重要问题。这些都需要在各软硬件模块开发中去规避和解决。

案例二:决策模块开发

决策模块要解决的首要问题是路径规划,要基于地图和感知数据,规划最优的行驶路径;然后做行为决策,根据当前交通状况和目标位置,决定车辆的驾驶行为,比如绕行障碍、变道超车和减速停车等;决策后再生成具体的纵向加减速和横向角度控制指令来实现决策行为;最后需要通过仿真环境对决策算法进行测试和验证,确保其安全性和可靠性。这就是基本的软件模块拆解,但具体到代码模块化层面,还有更多要去拆解的内容,基于以上软件单元开发和验证,来最终实现整个决策模块的开发。

在做代码开发的时候,也要面向具体的场景来设计整体逻辑,在实际交通环境中,最终要解决的就是如何应对各种复杂场景和突发情况。同时还要有安全性的保障,决策算法的任何错误都可能导致严重的安全事故,必须通过严格的验证和测试来保证其安全性。然后才是计算效率优化,决策算法需要在极短时间内完成复杂计算,如何优化算法以满足实时性要求是一个挑战。此外,决策模块需要与控制系统紧密配合,确保决策指令能够及时、准确地执行。

案例三:自动驾驶控制器开发

硬件的开发始于核心元器件选型,首先就要选择合适的处理器、GPU、FPGA等计算单元,满足自动驾驶系统对计算能力的需求。然后就是围绕着核心元器件datasheet设计外围电路,形成Demo板,并将各模块的硬件间点亮,实现SoC、MCU、核心外设的基本通信。同时要考虑PCB的散热设计确保系统在高负荷运行时的稳定性、考虑结构设计,确保零部件可以承受各种振动和冲击、考虑EMC性能设计,防止干扰和被干扰、考虑加工工艺设计,确保硬件生产工艺成熟可靠。从另一个角度来看，有电源模块、通信模块、处理器模块、内存和外设模块等，这些都是单元开发的范畴，并通过基本的 DV 试验保证其可靠性。

通过上述具体案例可以看出，自动驾驶软硬件单元开发涉及多方面的技术内容和复杂的开发过程。为了应对这些挑战，需要在项目管理、团队协作、技术创新等方面进行全面的规划和实施。

4.5 测试与缺陷管理

自动驾驶这种技术和创新都比较前沿的业务，想要在量产车型上交付成熟、可靠和安全的自动驾驶产品，需要进行严格的测试和有效的缺陷管理。它是确保自动驾驶系统质量和稳定性的关键环节，包括测试策略的制定、测试用例的设计与执行、缺陷的记录与跟踪等。自动驾驶系统设计的复杂性、测试用例不可穷举性，以及环境因素的不确定性，使得测试和缺陷管理面临巨大的挑战。

4.5.1 测试与缺陷管理思路

前文提到自动驾驶的测试方法主要包含仿真测试、台架测试、传感器测试、场地测试、道路测试等，核心的 Know how 在于测试用例的设计和思考，然后才是测试的执行和效率。而测试用例的设计在结果上要遵循逻辑链和证据链自洽的大逻辑，在过程中要满足场景化、物理化和数值化的要求。

从逻辑链上讲，需要证明对策有效，且未引入新问题。证明对策有效需要从几个维度来展开，一方面是根因分析和对策的正向设计原理有效，理论上可以让所对应问题得以避免或者使其概率降低，同时还要在理论上分析可能产生的负面影响。另一方面在台架仿真、场地测试、实车道路测试中，对比前后的表现，用证据链说明新对策导入后所对策问题确实得以降低或避免，另外设计分析所担心的负面场景未产生恶化，或者恶化在可接受范围内。最后还要保证一定的泛化测试，防止单纯理论分析的遗漏，一般会依靠仿真数据库进行 Corner Case 的集中验证，以快速确认其综合效果。在实车上也要通过场地测试和公共道路测试对其表现进行综合评价，以保证逻辑和实测证据在结果上相符。

在过程管控中，要遵循场景化、物理化和数值化。一定是基于用户具体使用场景和体验来进行对策和验证，把相关场景进行设计和归类的过程就是在梳理测试用例场景。而物理化是指要把评价体验好坏的感受性内容转化成可度量的物理属性，例如表征效率的泊车时长、表征安全的泊车安全接管次数，以及表征性能和体验的一次泊车入库率、平均揉库次数、横纵向控车的加减速度值和位姿合格率等。在行车上也类似，例如可以和人类驾驶进行对比通勤时间、安全接管次数、横纵向控车的加减速度值、变道的横向加速度值，以及路口通行成功率等。通过物理化把核心指标进行逻辑化归拢，在通过数值化定义其 KPI 要求，以及具体的实现执行次数，统计方式，这样就可以既对应到用户体验，又落实到物理规律，再结合着数据和数值的分析，最终使得逻辑链被证据链充分验证，这样才能保证提供可令人信服的测试结论。

为了能够更低代价和更快速地评价新软件的综合能力，仿真测试的比重日益提升。仿真测试通过使用软件模拟工具，可以创建各种虚拟的交通场景，包括不同的道路条件、天气状况、车辆行为等。这种测试方法可以在安全和可控的环境中快速进行大量的测试用例，对各个版本进行测试通过率的评价，给研发提供及时的反馈，有助于发现潜在的问题和缺陷。仿真系统主要依赖台架环境，在台架上将真实的硬件组件（如传感器、控制器等）与虚拟的环境模型相结合，是开发验证和性能验收的重要组成部分。

台架验证通过可移行实车测试，在真实的车辆环境下对各个模块进行评价，包含传感器性能评价和封闭场景的功能电检和性能摸底。所谓传感器测试，是指对激光雷达、摄像头、毫米波雷达等传感器进行精度、分辨率、检测范围等方面的测试，来把握实车环境下的感知效果是否符合预期精度和时延要求。然后等实车功能适配完成，达成功能版后，可以搭载实车实施封闭场地测试，在专门设计的封闭测试场地中，自动驾驶车辆可以在真实的物理环境中进行测试，尤其对于特殊场景的性能验证，场地测试是不可或缺的环节。这些场地通常配备了各种交通设施和障碍物，可以模拟城市道路、高速公路等多种场景，封闭场地测试能够更真实地评估车辆的性能和应对实际情况的能力。

最后才可以进入公共道路测试，这是自动驾驶技术走向实际应用的关键环节。在特定的区域和条件下，自动驾驶车辆在真实的交通环境中运行，与其他车辆和行人互动。这种测试可以更全面地检验自动驾驶系统在复杂和不可预测的现实世界中的表现，只有在台架、场地、公共道路性能 KPI 验收测试全部达标后，才可以做软件冻结发布的判断，才能有机会交付给终端用户。可以说公共道路测试是交付给客户前的最后一道防线。

4.5.2 测试的核心能力是用例设计

那么如何设计自动驾驶测试中的场景和用例呢？通常会从开发需求、使用场景、功能逻辑、性能 KPI 以及可靠性 KPI 几个方面做评价。常见交通场景包括正常的交通流、路口转弯、超车、跟车等常见的驾驶行为，同时要叠加上极端天气场景，如暴雨、暴雪、浓雾等恶劣天气条件，考验自动驾驶系统的感知和决策能力。为了快速检测问题，需要进行复杂道路场景的选取，如施工路段、狭窄街道、盘山公路等具有特殊道路条件的场景；甚至要人为制造一些突发事件场景，如车辆故障、交通事故、行人突然闯入道路等突发情况，评估自动驾驶系统的应急处理能力。在这些场景下根据功能设计的规范，对其功能状态逻辑和性能表现做评估，展开具体的功能点检清单，以及从安全性、舒适性、通行效率等角度设定性能 KPI，在 OTA 压测、循环上下电、过热过载、外部扰动等情况下确认稳定性表现，再次强调测试的核心在于测试用例的设计。

再回到执行和效率层面，自动驾驶测试中的技术和工具会影响测试效率，包含问题记录方式、数据存储和传递路径，都将影响整个研发效率。而测试最终的输出就是缺陷，如何快速用最小的代价检测出更多的缺陷，把可能暴露给客户的问题，提前在测试阶段挖掘出来，是测试的核心价值所在，它是研发和客户之间的守门员和防火墙。

测试的具体工具包含数据处理和分析工具，包括：测试打点记录软件和数据采集设备，用于收集、处理和分析大量的测试数据，以提取有价值的信息和发现潜在的问题；云端存储和仿真工具链，可以把测试问题传到云端，用于做问题分析和对策后的问题闭环验证。同时还需要在车端和场端准备相应的测试工具，比如主动安全功能的考试摸底，既需要车端部署设备和工具，又需要在场端布置灯光、假人和假车等。

测试的方法、思路、用例、工具等各个环节，最终只是为了捕捉到缺陷，所以缺陷的管理更为重要。缺陷的来源可能是产品体验反馈、测试工程师上报问题、质量角色从市场反馈监控的信息，甚至业内权威机构的测评问题也会挂到缺陷层面去统一管理。一个完整的缺陷，要具有测试的过程和结果详细记录，包含发生时间、位置、车辆编码、驾驶条件、具体的问题说明等，确保测试工作的可追溯性和问题的及时跟踪，以及后续解析过程和结论的闭环记录。

从技术模块来讲，自动驾驶的缺陷包含：感知缺陷，即自动驾驶系统对周围环境的感知不准确，如未能识别障碍物、错误判断距离和速度等；决策缺陷，即在复杂的交通场景中做出错误的决策，如不合理的超车、避让行为等；控制缺陷，即车辆的控制执行出现偏差，如转向不准确、制动不及时、车辆横向和纵向体验差等。当然，有些缺陷属于整车级别的共同问题，比如整车通信缺陷或者关联件本身的缺陷，并且还有些低级错误的软硬件缺陷，比如供货错误、刷写错误、软硬件兼容错误等，这些内容也是缺陷管理的重点对象。

那么，自动驾驶应该如何管理缺陷呢？从宏观维度缺陷管理的三部曲是记录、跟踪和关闭，记录缺陷要有唯一编号和问题描述，以及优先级和当前的处理状态，以方便后续维护。首先是缺陷监测与发现，建立全面的监测机制，通过传感器数据测试结果、功能逻辑点检结果、性能 KPI 达标情况、稳定性 KPI 达成情况、用户反馈等途径及时发现缺陷。然后要对缺陷进行分类与严重性等级评估，并且根据评估的分类明确责任人，根据严重程度和影响范围，确定其整体的优先级。

然后是缺陷修复与验证，组织专业的团队进行缺陷修复，并通过严格的测试验证修复效果。需要强调的是，所有的缺陷都要和开发需求一一对应，缺陷的建立和关闭，要遵循宽进严出、分层分类、去除重复的原则，使得所有人都在最高优先级的问题上做功，一定要避免只有问题数量没质量的窘境，不然会牵一发动全身，把研发人员推进无效问题的深渊，既劳民伤财又贻误战机。同时要严抓过程管理，前期抓需求，中期抓进度，后期抓缺陷，就是要高频地对风险评估与控制，例如，每日核对高优问题，将问题的进展、决议和风险同步给所有核心项目成员，对于未修复的缺陷进行风险评估，限期内采取相应的控制措施去做优化。最后还是要常常复盘，问题虽然被解决了，但关键是下次是否可以不再出现，从而减少整个开发资源投入。具体推进过程中，相关工程师要对每一个缺陷案例进行总结和反思，将经验教训纳入后续的开发和测试流程中，以不断提高系统的质量和可靠性。

自动驾驶技术的发展，尤其是L3/L4高阶自动驾驶的开发和使用，必将会给测试和缺陷管理带来新的挑战。通过采用多样化的测试方法、精心设计测试场景、运用先进的技术和工具，以及建立有效的缺陷管理策略，我们能够不断提高自动驾驶系统的安全性和可靠性，为其广泛应用奠定坚实的基础。

第 5 章 多项目打法和经验总结

公司战略落地的载体就是项目集群，多车型项目的打法是一个公司经营管理能力的集中体现，涉及全价值链各个业务方的协同合作，其核心目标是多快好省打胜仗，主要矛盾是如何既要坚持平台化，又能做出不同价位区隔的差异化。回到自动驾驶系统的发展和应用阶段，目前低阶传统 L2 功能已经基本成为 15 万元以上车辆标配，而以城市领航辅助驾驶的高阶功能仍然处于扩张期，谁能够通过平台化和规模化率先抢占市场，占领智能驾驶心智，谁就赢得了先机。

5.1 战略上坚持平台化原则

自动驾驶全栈自研的开发资源投入极大，必须坚持软硬件的平台化，来降低整体开发投入。并且不断地通过规范化降低整个平台的成本分摊，从而实现更高的成本竞争力，在竞争格局中形成性价比优势，如在同样功能的情况下成本更低，在同样成本的情况下功能更好。

5.1.1 研发设计的平台化策略

特斯拉就是严格按照平台化套餐清晰推进的，SKU 极简，遵循量产一代、在研一代、设计一代的理念，尽量避免车型迭代的差异和衍生的软件代码差异，这样会使整个开发非常聚焦，产品性能和风格也能最大限度地保持统一。这里考验的是一次做对的能力，需要企业的架构师具有足够的前瞻性，能够预先将硬件和软件需求合理地包含在架构设计里。在平台化的基础上，通过首发和沿用的逻辑大大降低平均开发投入，提高投入产出比。在自动驾驶领域一套全新的软硬件平台开发费用是数以亿计的，一方面要控制变量减少开发次数，另一方面要极力扩大同一平台的使用规模，才能获得最强的成本竞争力。在功能和性能逐渐趋同的情况下，成本竞争力便成了企业管理的胜负手。

以特斯拉的软件架构和硬件平台为例，截至2024年一共量产了4代平台化方案，如图5-1所示。整体来看其集成度越来越高，并且以纯视觉为核心，软硬件自研程度越来越高。

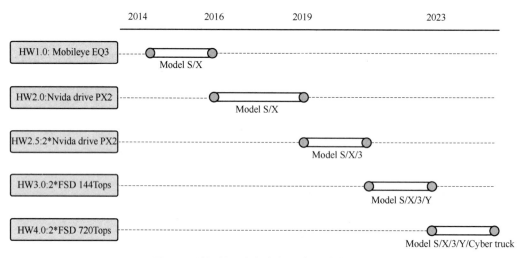

图 5-1　特斯拉平台化套餐和车型对应关系

1）HW1.0：硬件上使用 Mobileye EQ3，前向毫米波雷达，以及车周 12 颗超声波雷达方案。这个阶段的特斯拉在自动驾驶开发领域还是刚入局者，更多是在成熟的供应商方案基础上做方案整合，类似于传统主机厂只是做架构、硬件选型、传感器后融合和下游的规划控制。这代产品在市场上并没有掀起太大风浪，然而这种开发模式的尝试性的探索和应用，为后续坚定的软硬件完全自研路线埋下了伏笔。在这个过程中特斯拉通过自研团队和供应商伙伴的共同研发，迅速了解了自动驾驶研发的核心技术，也应该是从这个时间起就开始启动了纯视觉技术路线的构想，并且开始对核心硬件设计和感知算法进行前瞻性研究。

2）HW2.0：硬件上做了重磅升级，核心控制器从 EQ3 升级到英伟达 SoC 和英飞凌 MCU，算力大幅提升；传感器层面，依然保留了前向毫米波雷达和 12 颗超声

第 5 章 多项目打法和经验总结

波雷达,在此基础上把摄像头的数量提升到前视三目、后视、四颗侧视,共计 8 颗摄像头。这一套硬件方案在自动驾驶领域是具有跨时代意义的,也正是从这个时间开始,特斯拉带领纯电动智能汽车走向大算力硬件平台,以及首次做了行车功能的 360°视觉全覆盖,可以说为后续自动驾驶的发展指明了道路和方向。无论是纯视觉派还是视觉激光雷达融合派,在摄像头的取舍上基本是沿用特斯拉的这代方案设计,但对比国内新势力车企,却没有人敢像特斯拉一样不配置 AVM 环视摄像头。大算力控制器平台加上车周全覆盖的视觉传感器在当时的情况下已经是天花板级别的配置,给软件研发预留了足够的空间。而特斯拉从这时候开始,已经开始在纯视觉大模型上暗暗发力了,它不满足于 Mobileye 提供的感知结果,这种方式既高度依赖供应商,又给自己限制了发展的高度,纯依靠外部提供最核心的感知,是无法积累起核心技术的,也无法快速满足产品开发的需求。所以,特斯拉要自己搞全栈软件自研,建立感知模型的团队,搭建模型然后拿原始数据用自己的模型做持续迭代。几年后来看,这条路线显然是无比正确的,如果主机厂自己没有这个模型能力,那么在自动驾驶领域就只能做跟随者,如果软件被卡了脖子,就可能随时被供应商掣肘限制而无法快速提升。对特斯拉而言,第二代产品的核心使命就是要掌握软件自研的核心。值得一提的是,在第二代产品的基础上,特斯拉曾做过一次设计变更,把前向毫米波雷达切换成了另一家供应商,应该是基于目标识别准确度、可靠度以及成本的综合考虑做的变更,但这些变更并没有改变 HW2.0 的整体框架,在此不再赘述。

3)HW3.0:在解决了核心软件算法大模型的自研后,特斯拉在硬件设计上也决心发力,要给自己量身定制专门的硬件系统。这代产品是特斯拉深耕自动驾驶领域的集大成者,具体变化是舍弃了英伟达 SoC 和英飞凌 MCU,开始使用自研的完全自动驾驶(Full Self-Driving,FSD)芯片,专门适配大模型的软件体系,实现了从硬件芯片、底层软件、中间件、上层应用软件、核心模型算法的全栈自研。在后续的平台迭代中,逐渐取消了前向毫米波雷达,升级了摄像头和 FSD 芯片,全部押注在视觉大模型能力。正是这代产品让特斯拉科技形象大幅提升,树立了自动驾驶领头羊地位,要知道连软件全栈自研都还是不可企及的天花板的时候，特斯拉就已经发布自研芯片，并且在相对较小的硬件算力中达成了较高的性能水准。

4) HW4.0：作为新一代平台化方案，摄像头从 120 万像素大幅提升到 500 万像素，能够捕捉到更清晰、更细腻的图像信息，对于远距离的物体也能有更好的辨识度。例如，在同样的距离下，之前版本看不清的车牌，HW4.0 的摄像头能够看清；视觉最大探测距离从 250m 变为 424m，这意味着系统可以看得更远，让驾驶员能够更早地预判道路状况，在刚出车库时就可以看到下个路口的交通情况，提升了驾驶的安全性和便利性；色彩还原度高，更接近真实人眼看到的视觉，相比之前色彩不够真实、影像画面泛黄的情况有了很大改善；在夜晚或者逆光的状态下，HW4.0 的摄像头清晰度更高，能够更好地应对复杂的光线环境，为自动驾驶系统提供更准确的视觉信息。按照特斯拉官方的表述，芯片算力是原来的 5 倍，从 HW3.0 的 144TOPS 提升到 HW4.0 的 720TOPS，强大的算力能够更快地处理大量的图像数据，为自动驾驶系统的实时决策提供支持。CPU 内核从 12 个增加到 20 个，有助于快速处理图像信息，提高系统的运行效率和响应速度。CPU 内存从 LPDDR4 升级到 GDDR6，数据传输速度更快，能够满足自动驾驶系统对大量数据快速传输和处理的需求。摄像头看到的影像从二维变成了三维，能够更好地还原真实的世界，无论是智能驾驶辅助系统，还是主动安全系统，都可以帮助车辆更好地判断周围物体的位置、形状和距离等信息，使车辆对周围环境的感知更加准确。同时它还配备了特斯拉定制的 Phoenix 4D 高分辨率毫米波雷达，在原有的距离、方位、速度的基础上，增加了被测目标俯仰角的高度数据，实现四个维度的信息感知，有效弥补了传统毫米波雷达的性能短板，并且成本低于激光雷达。该雷达还带有加热器，可防止在冰雪天气中对雷达信号的影响。整个全栈自研能力再次得到大幅提升，依靠端到端的大模型对感知、预测、规划、控制等算法模块进行赋能，从规则式控制逐渐转变为神经网络的控制方式，也许会在后台大数据的迭代下，逐渐以人类驾驶的纠偏动作作为真值，使驾驶风格越来越拟人，使功能越来越好用。

5.1.2 项目量产交付的套餐组合

整车架构、硬件平台、软件方案组合起来形成了平台化套餐,后续多车型的项目集,遵循套餐先行的原则,按照时间先后匹配对应套餐即可。具体执行时每个平台套餐又会有首发和沿用,把重点资源集中在首发,确保顺利落地;后续沿用项目一般会间隔一段时间再发布做风险隔离,具体间隔的时间根据各车企开发节奏而定。从成熟度角度可以将套餐组合分为量产套餐、在研套餐和预研套餐。

1)量产套餐:经历过完整的标准作业程序(SOP)开发过程,并且已经在市场终端进行交付的平台化方案,后续车型只需要做简单适配就可以完成开发的成熟方案。量产套餐的主要优势是常具有较高的成熟度和稳定性,开发风险低,按期交付的确定性高;但劣势是不确定是否具备足够的市场竞争力,电子产品在换代更新后往往成本更低、性能更优、可拓展性也更好,所以新研发一代的套餐往往性价比更高,天花板也更高。综合来看,量产套餐的价值在于稳定交付,在新一代落地之前,通过规模化降低整体成本,同时也给软件技术提供载体,让OTA可以与硬件解耦,降低整体开发风险,推动新车型项目的自动驾驶功能商业化应用、推广和交付。另一方面,量产套餐的交付可以收集到客户声音,从而在市场的反馈下得到快速地迭代,为下一代方案的设计提供支撑。

2)在研套餐:处于研发和测试阶段的全新一代软硬件自动驾驶系统方案,通常伴随着传感器、控制器以及核心算法的升级,是公司的未来。在研套餐的特点是正在做概念验证、方案设计、实车功能调试或者性能验收阶段,全新开发内容多,技术难度高,需要投入主力核心资源来保证开发过程直到顺利交付投产。在研一代的系统通常会进行多轮研发设计方案讨论,技术实现细节评审,然后逐步开发出功能版和性能版,再通过实验室测试、小范围道路测试或者模拟环境测试来保证功能的完整性和性能的可靠性。在研套餐的价值在于迭代出性价比更高的系统方案,在行业竞争中抢占先机,通过论证新技术的可行性、测试新功能的性能表现和可靠性,为量产阶段的技术成熟度提供支撑和基础,用来迎接即将到来的新环境新竞争,使自动驾驶系统可以持续的领先。

3）预研套餐：处于概念设计和初步研究阶段的自动驾驶系统方案，通常代表着未来 2~3 年的发展趋势。在这个阶段，主要是对技术的概念进行探索和验证，进行基础理论研究、原型设计和仿真模拟。预研套餐的价值在于提出新的理念、技术方案或者解决方案，在投入量产项目前，通过早期分析排查出核心技术和产品亮点，并进行 Demo 开发验证未来 Roadmap 的设想，为后续的量产车型研发工作奠定基础，消除前置风险，也可以为未来的自动驾驶技术发展提供新的思路和方向，体现了对外来竞争方向的把控，以及对核心能力的长远规划。

这三个阶段的套餐方案在自动驾驶技术开发和项目交付过程中都具有重要的价值和意义，共同推动着自动驾驶技术的不断进步和实际应用。

5.2 战术上以项目集合方式运作

5.2.1 车型研发策略演进

平台化硬件搭台子，软件能力唱大戏，同研、同测、同交付的项目集合式运作可以降低整体研发代价。这三个是自动驾驶项目开发的主旋律，每一代架构和硬件平台都要有 3~5 年的竞争力，这个硬件平台下每多一次变更，后续的软件就要多一次兼容、多一份开发和维护，是整体开发效率的重中之重。接下来硬件不变或者微小变动的前提下，滚动式开发旗舰软件，新功能、新 feature、不断突破的性能天花板，是旗舰软件的核心价值，也是用户最能直接感受到的产品能力。随着竞争的加剧，软件迭代速度越来越快，背后比拼的是软件架构能力和快速迭代能力。在硬件平台化和软件平台化的基础上，整车项目运作时可以同时支持多车齐发，同研、同测、同交付，不仅可以确保产品一致性，提升市场影响力，还可以大大削减整体的研发投入和时间资源。

回顾过往的开发模式，主要可分为三个阶段：软硬件跟随车型、车型挑选平台化套餐、车型适配软硬件。在第一阶段，软硬件需要完全跟随车型需求开发，通俗来讲是要什么给什么的阶段，其核心目的还是打造车型差异化和能力长板，在市场竞争中集中优势资源于一点,形成一阵捅破天的破圈效应;第二阶段,车型挑选平台化套餐,为了减少车型差异化导致过多 SKU 的问题,需要对 SKU 做限定,以套餐的形式做产品集合,每个车型只能从中选取 1~2 个,从而保证单车和整个系统的技术方案差异最小化,这种状态是车型差异化和过多 SKU 的中间状态,也是当前开发的主流方式;第三阶段则会更加以开发代价为重,使用车型适配软件,在产品差异化以及头部优势已经形成的情况下,谁能用最小的代价提供最具竞争力的产品,才能快速扩大规模和影响力。这样就催生了车型适配软件的模式,简单来讲就是车型开发要靠近软件迭代节奏,不管什么新车型在开发后期,已经解决完车型参数适配和关联件适配的情况下,直接视同量产车型进行 OTA 开发管控,和已量产车型的 OTA 活动同步发送。这种方式可以使车型刚一发布就具备最新、最全的旗舰软件版本。其矛盾点在于,车型的 SOP 节点往往是综合各种商业和竞争因素确定下来的,不能有太大的偏差,这样就反向对 OTA 提了新需求,也就是 OTA 的迭代速度要足够快,可以覆盖 SOP 车型开发角度的时间差。从 SOP 到交付至少需要 1 个月的爬坡准备,如果 OTA 可以满足"月更",那么这种操作方式就可以完美执行。

从业务流转逻辑来讲,起点是同平台同方案的项目集合,拆解到各个项目开发过程,再将项目拆解到各个关键节点,包含立项、定系统方案、零部件定点、零部件布置、实车功能验证、关联系统开发联调、整车性能调试、验收发布,开发后期硬件和关联系统固化后,转为开发版本管理。版本就可以拆解为开发需求,开发需求又对应明确的产品方案和系统方案,以及测试用例和开发计划,测试过程中发现的缺陷又可以和版本、需求一一对应,所有需求开发完成,所有缺陷处理完成,整体 KPI 达标,则可以达成关键节点的目标,进行软件的释放和发布。项目集合管理需要系统化的规划和协调,通过有效的沟通和协作、资源优化、风险管理、标准化流程、持续监控、灵活应对、利益相关者管理、成果交付、知识管理等方法,确保多个项目能够协调一致,按时按质完成,最终实现整体战略目标。成功的项目集合管理不仅依赖于技术和工具,更需要团队协作、领导力和持续改进的企业文化。

5.2.2 项目集合管理思路

项目集合的管理，对于项目负责人有比较高的综合要求，要从技术维度、人员和业务流程管理维度、产品规划维度、市场竞争维度、开发投入资源优化维度等多个方面统筹思考。每个维度背后都有不同的沟通对象和沟通语言，技术、产品、经营的平衡，是取舍和平衡的艺术，需要调和各方矛盾，打造适应市场竞争环境的产品交付。一般来讲，创业期重技术和产品，扩张期重产品和经营，成熟期重经营和技术，以打造极致性价比和综合竞争力。

具体进行项目实操时，还是要尊重车型差异和特点，以平台首发项目为基础，识别沿用车型项目各自的变更点，比如车身传感器方案和位置变更、整车架构变更、关联件更新适配等。任何时候都不要一刀切，认清方案变更可能带来的副作用，推进软着陆减缓负面影响。另外要具备敏捷评估能力，在长期规划和短期目标上不断动态调整，结合市场竞争和对标思维，与标杆对比找差距。基于技术 Roadmap 找当下问题的解法，和未来整体更优的解法，在能力培养、业务交付、降本增效、流程迭代上形成体系和制度，将例行工作标准化、模板化，上系统做管理。对于重点攻坚项目，按照开发内容分解到多个 Milestone（里程碑）逐个击破，总结每个阶段的攻坚逻辑和方法，以及突发应急问题的快速应对方式，并通过及时复盘，对于发现的组织、管理、分工协作等问题进行优化。这里需要带着咨询公司的视角，审视开发过程和持续优化。

项目是将公司战略具体落地的载体，是长期规划和脚下行动的结合点，一个项目集合的落地，要有"远见鹰""镇山虎""善战狼""敏捷豹""勤奋牛"，而项目管理者某种程度上是上述五个角色的结合体，这样才能分别与其建立纽带管理，促成合力。

自动驾驶项目负责人一定要"身勤"，要亲自上车体验，明白当前业务的状态、产品体验的优势与不足，清楚产品、研发、测试等各个角色的一线战斗情况，并且分别收集各方信息，站在他们的角度审视问题，才能真正发现项目开发的问题和风险，再带领团队解决新场景、新产品、新技术所带来的挑战，以及在上下游管理上的问题和矛盾。同时还要"眼勤",大量的技术方案、开发计划、项目资源等资料都要通过项目负责人审批,对于各种资料定要精心阅读,明白其中损益,发掘优化机会,明白需求和方案逻辑。大量过程管理还需要负责人"手勤",会议中对于各方目标、风险、重点问题、所遇困难,一定要随手记录,确保充分对齐,并竭尽所能助力各团队疏通卡点,成为他们推动问题上可信任的支撑者,而不是浮于表层的管理者。承上启下的沟通管理必须"口勤",向上对齐开发目标和当前状态,同级拉通信息,获取各方支持,形成统一思路,对于团队下属,督促教导、指明方向、迅速决策,通过360°全面的沟通协调,确保多方预期一致、步调一致。最后必须"脑勤",多总结多思考,"精诚所至,金石亦开,苦思所积,鬼神迹通",正所谓念念不忘必有回响,存在困难的问题,只要天天想办法破解,最终肯定会在各路信息的整合中找到解法和答案,个人的综合战斗力也会在一轮轮反思总结中迭代精进。

5.3 战斗上的取胜之道

自动驾驶项目开发的核心就是打胜仗,用最少的代价打胜仗。总结多年项目管理的成功经验,可以概括为十六个字:胆大心细、四梁八柱、千手千眼、一往无前。这十六个字涵盖了项目的创立、团队骨干和核心任务的管理、关联各方的全面考虑以及使命必达的魄力和勇气。

5.3.1 十六字诀背后的三大核心思维

项目是承载公司战略的落地载体,在进行预研评估的时候,一定要胆大,越重要的项目越要胆大,敢想才能敢做,一定要带着客户的需求、公司的利益、行业的前瞻性判断,做大胆的想法和立论。但又不能只是拍脑袋的胆大,否则就变成了莽撞,背后一定要把想法迅速分解出主要矛盾、次要矛盾,与关联各方广泛论证细化,识别主要逻辑和落地路径,充分评估投入和产出、风险和收益,并达成最大范围的共识。个人的意见只能叫想法,大家的共识才有机会变成落地的项目。与各方广泛的论证,也是不断修正原始想法的过程,会从各个角度重新审视这个方案的必要性、可行性、项目周期、代价、关联方范围、业内影响等因素。战略上胆大，战术上心细，没有细节支撑和广泛共识的胆大就是赌博，最终会因为无法落地而极大损害发起者的公信力；另一方面，只有细节没有冒险魄力也无法占领先机，无法支撑公司抓住机遇走向快车道。大多成功的创业公司都是在初期笃定、冒险、聚全身之力打一点，打败了那些畏首畏尾迟迟不肯动作的、船大难掉头的大型成熟企业，才分走了一杯羹。所以，要能抓住主逻辑、快速分解主要矛盾，只要大逻辑成立、主要矛盾可解，就要带着破局的勇气推进项目立项。

一旦项目立项，开始运作起来，就要快速构建核心项目团队——谁能成功一定是管理的成功，而对管理者而言，所有失败归根结底都是用人的失败。根据立项时分解的主要矛盾，匹配特定能力模型的核心骨干，快速打造"四梁八柱"，营造出"上面一根针，下面千根线"的局面，项目总负责人永远要做那一根针，做主线的领头人和破局者，而各个支线也一定要有各自的业主骨干。在自动驾驶系统开发过程中，产品设计、系统开发、技术开发、测试验证就是四根顶梁柱角色，而每个顶梁柱模块下面又可以拆解到更细的产品功能逻辑设计、产品交互体验设计、系统硬件设计、系统功能逻辑设计、应用软件开发、基础软件开发、开发测试、验收测试八个子过程。一般来讲，项目负责人抓住这些关键角色和关键任务即可，整个项目的运作一定是一层层漏斗式模型流转，直到分解至最末端的四梁八柱，即5~8人的最小分队，这是团队协同的核心要点。需要强调的是，管理的要义是通过管事来管人，一定不要搞反了，各个角色最终的目的是完成各模块子任务达成子目标，管理的对象是任务和目标，人员是为任务和目标服务的。

任务拆解和四梁八柱匹配之后，就进入项目推进过程管理阶段，项目开发唯一不变的就是变化，这里要眼观六路耳听八方，及时知晓内部的进展、风险和诉求，掌握外部前提、范围和目标的变化，定期纠偏和更新作战方式。在自动驾驶系统开发实战中经常会出现项目交付提前、关联方进度延后、车辆和样件到货延期、"毛细血管"级别信息未拉通、内部技术难题受阻、资源不足需要协调、低级设计缺陷和错误、信息传递失真等问题，要依靠四梁八柱及时识别到各方问题。通过四通八达的走动式管理，掌握全面信息，在成本、质量、性能的三角中做取舍平衡，在开发周期和资源投入中做穿插协调。这个过程是劳心劳力的过程，需要极强的主观能动性、责任心和主人翁意识，心中始终秉承着"做对的事情，把事情作对"，即不能偏离客户的体验、公司的战略，要一次性把事情做对，提升效率。

最后，还需要一往无前的勇气和坚毅，当你把目标定在远方，整个世界都会为你让路，以终为始锚定目标，不择手段使命必达。这里说的"不择手段"并不是无恶不作，而是要想尽一切办法、团结所有力量、千方百计地解决问题，既要合作又要坚韧，既要发现问题又要站在支持和帮助的角色给大家解决问题，把过程做细了，细节做翔实，每一步都是在各方共识下步步为营。如果有阻碍挡道，先让负责人自己清除障碍，再提供支持协助他清除障碍，还搞不定事情就搞定这个负责人。面临核心取舍，大逻辑是宁可得罪一人保全项目，否则丢掉了项目就得罪了所有人——这里一定以公司战略和项目落地为重，要具备"神挡杀神佛挡杀佛"的一往无前的勇气和杀伐果断的魄力。终极目的只有一个，使命必达，不能让项目掉在地上。

在此过程中，还有些沟通技巧、团队凝聚力和向心力的构建等，这里就不一一列举，但请记住这十六字诀的背后是图 5-2 所示的三大核心思维，即以终为始的客户思维、全局协同的合作思维和整体最优的多赢思维。

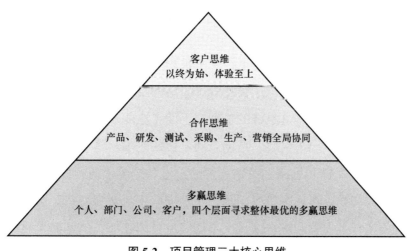

图 5-2　项目管理三大核心思维

5.3.2 项目打法的实战指引

纸上得来终觉浅，有一位行业前辈在传授管理经验的时候说过一句话："最好的老师是南墙。"工程类行业的管理都是实践科学，需要经验、实战，同时也需要一定深度的思考和悟性。为了更方便新学习者快速掌握，下面对实践经验做一些更具体的总结。

项目筹划阶段的关键词是敢为和授权。世界上最好的路就是最难的那条，不管公司还是个人，都要站在客户和市场竞争的格局，思考清楚能给公司带来什么？只有勇于挑最重的担子、敢于啃最硬的骨头、善于接最烫的山芋，才能有机会做领头羊。通过对标行业顶尖的人才、技术、管理，找到公司当下的主要矛盾和业务开发的障碍，突破认知的藩篱，最后通过一个具体的项目载体，在过程中克服前进路上的困难，最终获得竞争优势，这才是最大的成长。当具备了敢为的素质后，开始项目战斗的第一步是充分对齐目标，获得发起人的正式立项和授权，这是项目的源头和初心，也是后续项目推进的前提和保障。而项目一旦立项，就要有必胜的决心，并且通过定目标、定节奏、跟进展、拎 Gap、抓重点的方式，形成项目团队的合力。要有舍我其谁的勇气和豪迈，只要能拿到机会，就要让大家知道什么叫奋不顾身，什么叫奋勇拼搏，什么叫抛头颅洒热血、不达目标誓不罢休，永远保持热血。

在项目开启阶段，一定要充分对齐开发目标，组建核心团队。项目的核心是目标的管理，项目的成败是用人的水平，对于自动驾驶项目来讲也是一样要去平衡各方因素，既要抢时间又要抓性能还要省资源，不同阶段和时期有不同的需求，适合公司的发展状态的平衡点才是最好的管理，不断在性能、成本、可靠性不可能同时兼顾的三角上，做出全局最优解，是创新和妥协的艺术。这个过程一定要上下左右前后各方充分对齐目标和思路，抓住开发的重点和主要矛盾，找到"牛鼻子"，一定是先解决方向问题，再解决效率问题，不然方向不对努力白费。这里还要避免一个误区，既要依托数据化和颗粒度，又不能陷进具体细节，这是抓大放小的开启阶段，要聚焦，明白能做什么、擅长做什么、不做什么，专注才可能让项目更优秀，切忌贪多顾全。

一旦进行路径规划阶段和具体的 Milestone 管理时，就要遵循谋必深、战必胜的思想，不打无准备之仗，明确关键目标输出，以及影响输出的各方因素和相互之间的制约关系，用系统的思维来盯住全盘。要具备个人独立的思考，并且带着个人思考和答案和各方广泛碰撞，形成共识，作为项目的第一负责人，任何问题的沟通，都要带着答案提问题，抛得出去也能接得回来，明确射程范围，不发射空炮。始终带着清晰的判断来沟通，目的明确、逻辑清晰、呈现精简、问题可视，具有便于决策的引导性，才能和大家求同存异、达成共识。大家可能会问，怎样才能把每一件事都做到不打无准备之仗呢？第一，意识上要足够重视，把每一次战斗和输出都当作升职汇报业绩来做；第二，取得充分的共识，任何难题在另外一个维度一定有简单解，始终站在解决问题的角度思考问题，具有 One Team 意识，最终是在市场竞争中取胜，不推诿不扯皮，坚定地一起寻求路径和方法。

检查和纠偏最考验管理者的水平，解决问题是检验干部的唯一标准。核心诉求是快速响应，核心要点是抓住逻辑链、证据链以及数据化的精准管控。不要妄想一切按计划执行，即使最常规的事务性工作都可能出错，核心难点的解决都是一场运动战。在运动的过程中，不是碰到了南墙才回头，而是要有一定的预判能力，利用过往问题的再发防止和系统分析思维，提前预判风险在哪里，提前给予足够关注和资源支持，这样即使出现偏差，也基本是可修复的小偏差，不会出现重大系统性错误。这里要始终具备"二八原则"的心法，始终聚焦在核心问题上，当然前提是足够懂业务，不懂业务是无法判断什么是重点和风险的。并且在纠偏的时候，不要被流程体系束缚，一切以正向解决问题为目标，一切以项目的成功、公司战略的落地为目标。

技术是逻辑思维，慢慢抠细节总能捋清楚，但管理是个形象思维，开窍的一点就会，不开窍的手把手也教不会。这里还是要有些软技能，要能明象位，明确当下的主要矛盾和存积的矛盾势能，善用势能的张力来解决问题。具体来讲就是识时务顺势而为和借力打力，项目的各关联方存在天然的矛盾和势能差，有些无法抗拒的事情千万不可迎头而上，否则只能是一头包；要站在相对公正客观的角度、客户的角度和公司利益的角度，调和各方矛盾，让各方的意见和诉求能得到伸展和回应，又能在各方的碰撞中逐渐明确谁的判断更贴近公司需求和客户诉求，始终站在公司和客户角度思考问题，是解决各部门矛盾的核心思想。只有合众人之私，才能够成一人之公，一切为了公司和客户。另外一个层面，项目负责人不能把自己完全消耗在具体事务上，一定要时时刻刻保持独立思考，对于临时任务，既要推得开又要扛得住，推开次要矛盾，聚焦扛住主要矛盾，有所为有所不为。心态上足够开放，视野上足够广阔，思路上足够清晰，一定要避免"敬酒不吃吃罚酒"的状态，而是去找那种面对困难也要乐在其中的状态。解决问题是干部的天职，而化解矛盾和解决问题的艺术性就在于要掌握"方脑袋"和"圆脑袋"的平衡之术，内方外圆，把各种复杂问题圆滑处理，确保可以软着陆。

5.4　全价值链协同开发

　　什么是全价值链协同开发？在自动驾驶行业，全价值链协同指的是将自动驾驶产品从概念构思、研发设计、生产制造、市场营销、销售交付到售后服务等各个环节的相关活动和资源进行有机整合与协调合作，以实现整体价值的最大化和效率的最优化。

　　具体来说，全价值链协同是基于共同的公司战略目标，从项目起点到最终交付客户，乃至交付后的服务体系、口碑维护和品牌塑造，整个链条在公司内部都有各业务部门联合起来"打群架"的过程。跨部门合作会涉及研发部门、工程部门、生产部门、市场部门、销售部门、售后部门等，他们之间紧密沟通与协作，打破部门之间的壁垒，共同以公司、客户为中心推进项目进展。过程中涉及各方利益的平衡，最基本的原则就是要进行充分的信息共享，各个环节能够及时、准确地获取和共享关键信息，例如市场需求变化、技术研发进展、生产质量数据、销售业绩等，以便做出及时有效的决策。对公司来讲这是一种资源优化配置方式，是在市场导向下，对公司内部人力、物力、财力等资源进行再分配的过程，确保在不同阶段和环节都能得到充分且高效的利用，避免资源浪费和重复投入。在自动驾驶领域市场导向体现在跨团队的目标一致性，所有参与方都明确共同的目标，即打造具有竞争力的自动驾驶产品，并为客户提供优质的体验和服务，树立科技和智能的品牌形象，铸造护城河，逐渐形成品牌知名度和品牌溢价。

全价值链的协同，需要 CEO 能够敏锐地洞察市场动态，组织内部各部门负责人凝聚到共同的目标下，破墙补位共担风险，共同识别和应对在全价值链中可能出现的技术风险、市场风险、供应链风险等，降低不确定性对项目的影响，并通过对整个价值链的评估和反馈，不断优化各个环节的流程、方法和策略，以适应市场变化和技术发展。具体包括：如何将自动驾驶技术应用到生产制造领域，实现制造、电检、过线、功能质检，直到入库全部自动化；如何将 AI 大模型的能力扩展到营销服务体系；如何把云端服务能力渗透到一线销售和维修保养工人那里来发挥更大的组织效用，把整个公司各个中心和部门的核心能力原子化拆解，并参考服务式架构，做重新排列组合，产生新的物质释放新的能量，给企业的成本投入和开发效率不断添砖加瓦。

全价值链协同能够使自动驾驶企业在复杂多变的市场环境中更具竞争力，提高产品质量和服务水平，加快产品上市速度，降低成本，最终实现可持续发展。如果站在行业角度，全价值链协同会有更深的意义，它可以升维到跨公司的深度合作，本质同样是基于更高的共同目标，形成互利共生的良性循环，One Team 同进退。例如，在日系企业，主机厂会和供应商形成深度同盟关系，建立长远互信的合作关系。

第 6 章　开发案例分析

首先建立一个认知，自动驾驶系统的本质是智能机器人在车端的应用，核心技术是 AI 大模型能力，终极目标是在人类不想或不能开车的时候，具备替代人类驾驶的能力，在行进过程中遇到任何复杂场景都可以自己处理，最终将乘客安全、舒适、高效地送达期望目的地。

6.1　特斯拉 FSD

6.1.1　三个开发阶段

特斯拉在自动驾驶产品设计、系统架构设计、零部件设计以及核心软件自研方面都是业内的领跑者，回顾其自动驾驶业务的发展过程，整体可以分为基础能力建设期、核心软硬件自研、人工智能落地和领跑三个阶段（图 6-1），带动了整个自动驾驶的蓬勃发展。

图 6-1　特斯拉自动驾驶发展的三个阶段

2013 年自动驾驶仍处于萌芽状态，以谷歌为代表的一部分行业巨头站在技术层面考虑选择了 L4 自动驾驶的路径，传统主机厂开启了 1R1V 的 ACC/LCC 研发，并且开始向 3R1V、5R1V、甚至域控加 5R1V 的方向预研，此时的特斯拉作为新入局的年轻企业，基础能力急需建设提升。也许那时特斯拉就已经坚定了纯视觉方案的方向，最终选择和同样押注纯视觉的 Mobileye 进行合作，开发了第一代辅助驾驶平台，在这代平台上就已经布局了硬件先行、软件定义汽车的开发模式。经过一年多的开发，特斯拉在 2014 年 10 月正式发布了 HW1.0 硬件和基础功能，并逐渐交付了 LCC 功能。与 Mobileye 合作的阶段是特斯拉基础能力提升的阶段，在这个合作中特斯拉主要负责传感器融合、规控算法和应用层软件的开发部署，而视觉感知的核心算法却牢牢掌握在 Mobileye 自己手中，这种合作模式相当于把特斯拉的技术命脉放在第三方公司手里。与传统主机厂一样，要用自己的车辆和设备给第三方采集数据，增强它们的模型能力，自己不掌握核心技术，这显然对于一家科技公司来说不是长久之计。在 HW1.0 发布两年多后，特斯拉终止了和 Mobileye 的合作，转身自研。

2016 年 10 月特斯拉发布了第二代平台方案 HW2.0，相比 Mobileye EQ3 的算力大幅提升，摄像头数量也增加到 8 个，首次使用了 360° 全覆盖的摄像头布置，并使用了英伟达 SoC 和英飞凌 MCU 方案，核心视觉感知算法也开启了全面自研。这代平台已经对业内的自驾方案形成了颠覆性的创新，超大算力、超多摄像头、硬件预埋软件持续 OTA 的模式逐渐清晰，这也给包括新势力车企在内的行业参与者提供了很好的参考。更疯狂的是，在英伟达硬件平台量产时，特斯拉已经同步开启了 FSD 芯片的自研，给图像处理算法和 AI 技术提供量身定做的硬件，构建软硬件的技术护城河。

2016 年之后，特斯拉已经完成了基础能力的建设，转身进入下一个软硬件全面自研的新时代。大概是在算法模型研发过程中识别到了对更大算力的需求，2017 年特斯拉更新了 HW2.5 平台方案，将英伟达 SoC 从单个升级成两个，两年后，2019 年第三代平台方案 HW3.0 正式发布。这代方案是特斯拉的集大成者，采用了全新自研的 FSD 芯片，提升了算力和数据安全能力，算法模型能力也从 2D 转换到 3D，并且超高算力的硬件也支持算法模型在后续规模性大升级，例如推出多任务学习神经网络架构 Hydranet、引入 BEV+Transformer 架构、使用栅格占据网络

（Occupancy Network，OCC），使得感知能力、决策精准度和系统性能大幅提升，为后续的端到端大模型提供了基础硬件平台。从 2016 年到 2019 年这三年间，特斯拉完成了 FSD 芯片和算法模型的重磅升级，成为当时自动驾驶行业内没有争议的领跑者。

2023 年特斯拉发布了第四代平台方案 HW4.0，再次升级了 FSD 芯片，两个 FSD 芯片总算力超过 700TOPS，单科算力超过 Nvidia Orin-X 等主流芯片水平，对特斯拉而言这代硬件直接瞄准无人驾驶级别的功能形态。在 2024 年 1 月，特斯拉 FSD V12 开始向用户推送，该版本实现了城市街道驾驶堆栈的端到端神经网络升级。同时 HW4.0 平台的 MCU 和 NPU 的数量也得到升级，追加了侧摄像头，整体摄像头的数量和像素都得到提升，如图 6-2 所示，图像的分辨率得到了大幅提升，此外图像的红黄属性和高动态能力也得到了大幅优化，可以说传感器和控制器都迎来了重磅换代。

a) 升级前   b) 升级后

图 6-2　HW4.0 摄像头升级前后画面对比

另外值得一提的是，HW4.0 平台上特斯拉升级了 4D Radar 以及三频 GNSS 天线，增加了毫米波雷达对于视觉的补充，以及提升了 GNSS 定位能力，见表 6-1。特斯拉从 HW1.0 到 HW4.0 的升级过程，就是自动驾驶行业技术迭代的过程，从供应商做感知、主机厂做融合和规控升级，到主机厂核心软硬件全栈自研，再到大算力大模型的新阶段，给行业的发展探索了一条纯视觉方案的可行之路。

表 6-1　特斯拉系统平台和核心能力演变

硬件平台	HW1.0	HW2.0	HW2.5	HW3.0	HW4.0
发布时间	2014 年 9 月	2016 年 10 月	2017 年 8 月	2019 年 4 月	2023 年 2 月
核心处理器	Mobileye EQ3	Nvidia Drive PX2 SoC×1 英飞凌 TriCore MCU×1	Nvidia Drive PX2 SoC×2 英飞凌 TriCore MCU×1	FSD 芯片 ×2 CPU 4×3 核 NPU×2	FSD 芯片 ×2 CPU 4×5 核 NPU×3
传感器配置	Camera×1 3D Radar×1 Sonar×12	Camera×8 3D Radar×1 Sonar×12	Camera×8 3D Radar×1 Sonar×12	Camera×8 3D Radar×1 Sonar×12 双频 GNSS 天线	Camera×12 4D Radar×1 Sonar×12 三频 GNSS 天线
核心能力	传感器融合 应用软件开发	视觉感知模型自研 多传感器融合 应用层软件开发	视觉感知模型自研 多传感器融合 应用层软件开发	FSD 芯片自研 视觉感知模型自研 多传感器融合 应用层软件开发	端到端大模型自研 FSD 芯片自研 视觉感知模型自研 多传感器融合 应用层软件开发

2013 年特斯拉进军自动驾驶赛道后迅速成为行业领跑者，那么特斯拉自动驾驶的设计逻辑和核心技术是什么？

在设计逻辑上，特斯拉一直推崇复杂问题简单化，参考仿生学以及践行"第一性原理"。所谓"第一性原理"是一个物理学和哲学概念，指的是从最基本的事实和原理出发，进行推理和分析，而不依赖于类比或经验法则。在物理学中，第一性原理计算是指基于量子力学等基本物理定律，不依赖于任何经验参数，从头计算物质的性质和行为。在哲学和思维方法上，第一性原理强调追根溯源，找到事物最本质、最基础的元素和原理，然后以此为基础进行推理和构建知识体系。

运用第一性原理思考问题时，通常需要打破传统的思维模式和惯性，摒弃已有的成见和经验，深入探究事物本质，突破常规思维局限，追求创新和变革的思考方式。在核心算法设计时，特斯拉借助仿生学，类比眼睛、神经、大脑反应执行的思路，在感知层面坚持使用纯视觉路线，并且使用卷积神经网络拆解视觉特征，在机器规划控制决策时也参考大脑思考方式做端到端大模型决策。例如，驾驶员只需要一眼就能快速判断各个障碍物类型，以及相对自己的位置，根据经验快速规划生成一条行驶路线，并且在驾驶过程中动态博弈。所以特斯拉在制定算法时，很快从基于规则的识别变成了基于数据和大模型驱动的开发模式。简单来讲，基于规则的开发模式需要控制器对所有识别到的交通参与信息进行逐个的分析和识别，包含车道线、车辆、行人、交通灯等众多因素，每一个都需要独立的处理、独立的分析，然后再用各种规则约束如何开车，一方面处理时间长，另一方面多重规则叠加没有人能说得清楚在实际错综复杂的道路上，具体会执行成什么样。参考人类大脑的思考过程，没有驾驶员会逐个分析各个位置的交通参与者，而是通过眼睛快速扫描对全局信息直接进行处理，判断哪里可以通行、哪里的空间是被占据的，并且根据经验和预判，生成最优轨迹。

反观特斯拉的 BEV、Transformer 以及 Occupancy 占据网络，还有规划大模型都是参考人类感知决策的过程而设计的，依靠大量的数据闭环和模型训练，让机器可以看一眼立刻给出最优的开车策略，比如到底是加速超车，还是减速变道，再或者是该让速避让还是加速争夺路权。这些仅依靠规则是无法做好的，必须依靠海量的数据做真值，才可以通过匹配迅速地生成期望路线。

6.1.2 四大核心技术

特斯拉自动驾驶的核心技术是什么？排在前四位的应该是硬件架构设计、神经网络模型设计、数据闭环驱动能力和仿真能力，它们分别承载了核心硬件自研、核心软件 AI 化、能力增长由数据驱动，以及高效自动化的验证能力。

作为第一个核心能力，硬件架构设计的关键词就是芯片自研。特斯拉自主研发的 FSD 芯片具有强大的计算能力，单个 FSD 芯片算力可达 72TOPS，远高于当时市面上的其他自动驾驶芯片，能够快速处理大量的传感器数据，为自动驾驶系统提供实时的决策支持。同时它具有高效的计算效率，虽然其算力标称值可能不是最高的，但计算效率大约是 GPU 的 3 倍，实际性能与其他高算力芯片相当。例如，理想汽车 CEO 李想就认为特斯拉 FSD 虽然只有 144TOPS，但实际它和双 Orin X 的性能差不多。在大规模量产的情况下,特斯拉能够充分发挥自研FSD芯片在效率和成本方面的优势。另外,自研芯片可以深度融合自家算法和软件,FSD芯片是特斯拉自动驾驶系统的核心组件之一,可以与特斯拉的自动驾驶算法和软件进行深度优化和协同工作,从而更好地实现各种自动驾驶功能,如识别交通信号灯和停车标志、自动辅助导航驾驶、自动泊车等。

特斯拉采用纯视觉方案,FSD芯片在硬件设计上针对这种依靠图像识别和计算的大模型技术路线进行了专门设计和优化,从这个角度来讲,自研芯片还可以更好地适应纯视觉路线。通过处理来自多个摄像头的图像数据,芯片能够构建出类似于游戏引擎的实时3D画面,并进行物体语义标注,生成矢量地图,从而辅助导航。相比使用激光雷达等多模态传感器的方案,纯视觉路线在成本上更具优势,并且随着算法和数据的不断优化,其性能也在不断提升,在成本控制方面优势显著。自研芯片有助于特斯拉更好地控制成本,相比使用其他供应商的芯片,自研可以降低采购成本,同时在大规模生产中实现更高的性价比。据估计,特斯拉FSD的硬件总成本大致在1400美元上下,而其他一些采用双OrinX等方案的成本则在4000美元以上。

以上这些优势使得特斯拉能够在自动驾驶领域实现较好的性能和成本平衡,并推动其自动驾驶技术的不断发展和应用。不过自动驾驶技术仍在不断演进,其他厂商也在努力追赶和竞争,未来的市场格局可能会发生变化。同时,特斯拉的FSD芯片也面临着一些挑战和争议,例如在复杂环境下的可靠性、安全性以及不同地区法规的适应性等问题。但总体而言,特斯拉自研FSD芯片的能力,是其在自动驾驶领域的核心竞争力之一。

除了硬件本身的优势,在AI定义汽车的时代,神经网络模型的开发和应用是特斯拉的核心软实力之一,是特斯拉的第二项核心能力。特斯拉是最坚定推进纯视觉感知模型,这条路的优势在于对传感器的感知需求低、成本低,但是对于"大脑"的要求极高,需要做拟人化的思考和判断,也正是在这种刚需下神经网络模型在特斯拉最早量产。采用神经网络模型的优势如下:

1)特征共享:减少了重复的卷积计算,减少了主干的数量,在测试时效率尤其高。这意味着可以更高效地处理和分析来自多个摄像头的图像数据，快速提取有用的特征信息。

2）解耦任务：将特定任务从主干中解耦，能够单独微调任务。这样可以针对不同的自动驾驶任务，如车道线检测、人物检测与追踪、信号灯检测等，进行更精细的调整和优化，而不影响整个模型的其他部分。

3）能够处理多任务：采用了九头蛇网络 HydraNets 架构，将多个任务融合在一个新架构中，使其可以同时处理多个计算机视觉任务，且不需要运行多个神经网络模型，避免了由此可能引起的问题和计算机视觉系统处理的困难。

4）使用 RegNet 作为神经网络主干：正则网络结构 RegNet 在特征提取网络中，底部具有高分辨率和低通道数，顶部则有高通道数和低分辨率。底部的神经元可用于检查图像的细节，顶部的神经元用于理解场景上下文语义信息，这有助于更好地识别和理解各种道路场景。

5）时间融合：通过引入时间信息，将超级图像与所有先前的超级图像融合在一起。例如使用 3D CNN、RNN 或 Transformer 完成时间融合，这对于自动驾驶的预测与规划等任务有很好的帮助，因为自动驾驶汽车需要考虑自身及其他物体的实时移动情况。

6）基于 Occupancy Networks 模型改进：特斯拉在 CVPR 2022 上发布的 Occupancy Networks 神经网络模型在对象检测方面表现出色，如图 6-3 所示，通过视觉占据栅格算法获取图像的深度信息，达到毫米波雷达和激光雷达的探测能力。它基于 Occupancy Grid Mapping 的机器人思想，将三维世界划分为网格单元来定义占用和空闲状态，从而获得体积占用率，以实时显示道路信息。该模型可以超过 100 帧 /s 的速度运行，大大提高了检测速度；它还能够生成 3D 场景，使系统能看到真实物体的 3D 体积，解决了传统计算机视觉系统只能提供 2D 影像的问题；并且可以检测出异形对象，而不仅仅是标准的矩形框；此外，对于数据集中未收录的对象，也能成功检测出来，提高了自动驾驶的安全性和可靠性。

图 6-3　Tesla AI Day 展示的栅格占据网络示意图

这些技术优势使得特斯拉的神经网络模型在自动驾驶领域具有较强的感知和决策能力，能够更好地应对复杂的道路环境和各种驾驶情况。特斯拉在神经网络模型方面的研究和创新不断推进。例如，最近推出的 FSD V12 版本实现了全新的"端到端自动驾驶"，第一次开始使用神经网络进行车辆控制，包括控制转向、加速和制动等，进一步减少了对硬编码编程的依赖。其 C++ 代码大幅减少，只有 2000 行，而之前的版本有 30 万行。这种端到端的神经网络架构通过数据驱动优化整个模型，避免了"局部最优，而非全局最优"的困境，有望大幅提升自动驾驶系统的接管水平，实现真正无可争议的 L3 能力。不过，端到端模型的"黑盒"问题目前尚未有十分成熟的解决方案，其最终能否迈向追求极致安全性的 L4 级别自动驾驶仍待观望。

另外补充一下，特斯拉的神经网络模型和国内企业提到的端到端大模型并不完全对等。特斯拉的神经网络模型主要用于处理和分析来自车辆传感器的数据，这些模型通常经过大量的训练和优化，以提高对道路、交通标志、车辆和行人等物体的识别和理解能力。国内企业提到的端到端大模型则是一种更广泛的概念，它强调将整个自动驾驶系统视为一个端到端的学习过程，从传感器输入到车辆控制输出，简单来讲就是图像进来，立即就能输出对应的横纵向控制指令。这种模型通常结合了感知、决策和控制等多个模块，并通过大规模的数据训练来优化整个系统的性能，更强调系统的整体性和通用性。

在硬件和模型的加持下，就好比拿到了屠龙刀，修炼了乾坤大挪移，剩下就是实战长经验了。而对自动驾驶来讲,最好的经验就是数据,所以数据闭环能力是一项核心技能,谁能用最少的代价和时间获得高质量的数据,谁将更快地走向自动驾驶的顶峰。业内认为数据闭环是提升自动驾驶能力的必经之路,它是指通过算法和模型,将数据从车辆端采集,传输到云端进行处理和分析,然后将结果反馈给车辆端,实现自动驾驶系统的不断优化和改进。特斯拉在数据闭环方面具备强大的能力,具体如下:

1)数据采集方面:特斯拉车辆配备了大量的传感器,包括摄像头、雷达、超声波传感器等,能够实时采集车辆周围的环境数据,包括道路、车辆、行人、交通信号等。这些数据被传输到特斯拉的数据中心,进行存储和分析。

2)数据标注方面:为了让计算机能够理解和处理这些数据,特斯拉采用了自动标注和人工标注相结合的方式,对数据进行标注和分类,例如标注道路、车辆、行人、交通信号等物体的位置、速度、方向等信息。

3)模型训练方面:特斯拉利用采集到的数据和标注信息,训练自动驾驶模型,不断优化模型的性能和准确性。特斯拉的数据中心拥有强大的计算能力,能够快速处理和分析大量的数据,支持模型的训练和优化。

4)模型验证方面:特斯拉采用了多种方式对训练好的模型进行验证和测试,例如在虚拟环境中进行模拟测试、在实际道路上进行测试等。通过不断地验证和测试,确保模型的安全性和可靠性,最后再通过OTA技术,将训练好的模型更新到车辆上,实现自动驾驶系统的不断升级和改进。这种方式能够快速响应市场需求和技术变化,提高自动驾驶系统的竞争力。

如图6-4所示,数据训练和大模型是车辆规划控制和决策核心能力的基石,通过数据闭环,能够不断优化模型能力,使自动驾驶系统的拟人性和性能稳定性得到大幅提升,从而提高了车辆层面的安全性和可靠性,为用户提供更好的驾驶体验。自动驾驶的算法开发终局会收缩集成到一段式端到端AI大模型方案,以及极少量基于规则的算法兜底,短期内快速纠正大模型决策存在偏差的内容。一段式和两段式大模型的差异在于:一段式大模型是指从传感器传递视频流进入模型后,直接生成控车指令,控制底盘实现加减速和转向绕行避让等动作,从输入到输出只经过一个大模型；而两段式大模型通常是指感知大模型和 Planner 大模型，传感器数据线进入感知大模型，模型输出周边环境信息和语义理解结论，然后结合 Sensor Fusion、地图信息等输入给 Planner 大模型，从而让模型输出具体的运行轨迹和控车指令。

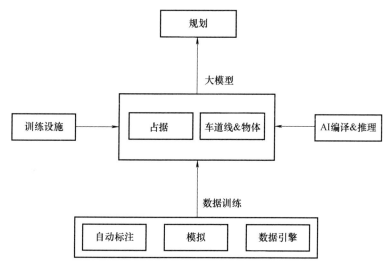

图 6-4　Tesla AI Day 展示的自动驾驶算法基础框架示意图

数据闭环最终服务的还是规划和决策，因为最终要通过规划和决策控制来实现车辆的拟人化形式，这里的关键词就是拟人化，这是自动驾驶的第四项核心能力。特斯拉的规划和决策大模型的自我训练是一个复杂且持续优化的过程，首先通过特斯拉车辆上的各种传感器（如摄像头、雷达等）收集大量的驾驶数据，包括车辆周围的环境信息、其他车辆和行人的行为等。然后构建鸟瞰图（BEV），利用多个摄像头采集的图像，经过校正后输入到神经网络中提取特征，然后使用基于自注意力机制的 Transformer 架构，将这些特征进行关联并投影到一个向量空间中，形成反映周围环境的 360° 鸟瞰图。接下来是分层分解与搜索，采用分层分解的思路，先使用粗搜索的方法将非凸性分解，把问题转化为凸空间的优化，然后利用优化算法得到最终的平滑轨迹，例如，在 Lane change（变道）规划中，Planner 会在短时间内进行数千次搜索，根据安全、舒适和容易转弯等最优条件进行代价决策判断，最终选择一条最优轨迹。同时，对于运动过程中的车道线遮挡或者交通参与者遮挡等复杂场景，特斯拉的规划算法提出对每个产生交互的障碍物进行独立规划的概念。它需要根据当前场景规划自车行驶轨迹，并对交互障碍物进行预测，再根据预测轨迹实时调整自车的决策行为。最后，利用神经网络进行轨迹规划，训练神经网络时，轨迹标签的来源包括人类真实开车的轨迹，以及通过离线优化算法产生的其他轨迹解，再对轨迹进行评估与选择，使用多种指标对生成的轨迹进行打分，这些指标集合了人为制定的风险指标、舒适指标以及神经网络打分器等。最终选择最优的轨迹作为自动驾驶的决策。

在开发和训练过程中，特斯拉规划和决策大模型的优势在于能够处理非凸问题和高维问题。非凸问题优化方面，凸优化是目前人类研究明白的非线性优化方法，是复杂优化方法的基石，而自动驾驶的规划目标和约束空间都是非凸问题。高维度方面，轨迹规划需要规划接下来的10~15s，生成大量自车位置、速度和加速度等参数。连续函数优化擅长解决高维问题，离散搜索方法则适合解决非凸问题，特斯拉通过分层分解的方式来应对这两个问题。

此外，模型采用如图6-5所示的蒙特卡洛树搜索等启发式搜索算法，以提高决策过程的效率和效果。同时，特斯拉将大部分精力用于采集、清洗、分类、标注高质量的数据，因为数据的规模和质量对端到端神经网络的性能表现起着关键作用。

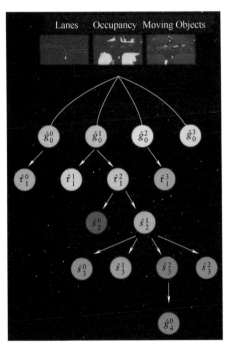

图6-5 Tesla AI Day 展示的蒙特卡洛树搜索等启发式搜索算法示意图

数据采集会遇到一些难以采集或者难以标注的场景，这个时候就需要发挥模拟和仿真的作用了，这也是特斯拉自动驾驶的核心能力之一。通过构建虚拟环境来模拟各种复杂的交通场景，包括不同的道路类型、天气条件和交通流量，在虚拟环境中同样可以进行模型训练，可以快速验证和优化算法，减少在实际道路测试中的风险和成本。某种程度上，模拟仿真减少了实车测试，加快了技术开发的速度，可以快速迭代和优化自动驾驶算法，同时帮助发现和解决潜在的问题和缺陷，提高自动驾驶系统的可靠性和稳定性，加快技术的发展和成熟。

但不得不提的是，模拟和仿真也存在一些待提高和完善的地方，最主要的问题在于复杂交通流的真实性。目前的交通流仿真在合理性方面还有提升空间，需要进一步改进以更真实地模拟现实中车辆和行人的行为，例如避免出现车辆突然出现或消失的情况。另外与现实世界的匹配度还具有挑战，尽管特斯拉致力于在仿真环境中重现真实世界场景，但要完全达到与现实世界的高度匹配还需要不断优化算法和模型，以更好地反映真实路况的各种细节和不确定性。

6.2 小鹏 XNGP

小鹏汽车是我国高阶辅助驾驶技术发展过程中，最具代表性的车企之一。可以说小鹏汽车研发自动驾驶的十年，就是我国新势力车企智能化赛道崛起的十年，它是我国新能源车企向智能化转型过程的典型代表。

6.2.1 发展历程

2014 年小鹏汽车成立，2019 年量产交付了视觉融合泊车和高速变道辅助功能，尤其是融合泊车出色的表现，让一个刚刚成立不到 5 年的公司在业界引起了广泛关注。随后它在 2020 年规模交付高速领航辅助驾驶（Navigation Guided Pilot，NGP），奠定了其中国自动驾驶引领者的角色。再到后来它发布记忆泊车、激光雷达方案的城市 NGP，率先开启了从高速转战城市的下半场比赛，则更是巩固了行业领先地位。

2022 年在国内率先使用了 BEV 和 Transformer，2023 年的疯狂扩城之旅，再到 2024 年 XNGP 实现端到端大模型的量产导入以及全国无限 ODD 的全量交付，小鹏汽车一直走在自动驾驶领域的第一身位。尤其在与大众集团的合作上，其自动驾驶技术实现了对外输出，小鹏汽车也白手起家一步步成为国产品牌的科技代言人。图 6-6 所示为小鹏年度事件，它一步一个脚印走向了自驾第一梯队。

小鹏汽车对于自动驾驶技术的开发强调厚积薄发的积累，以及量产为先的务实，整体可分为三个阶段，分别是发展和融入阶段、业内破圈和领先巩固阶段、全场景全覆盖的体验攻坚阶段。

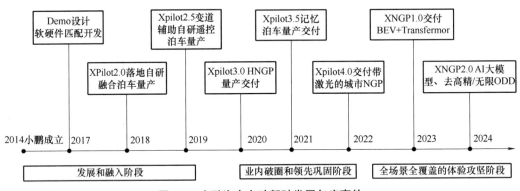

图 6-6　小鹏汽车自动驾驶发展年度事件

第一阶段在 2017—2019 年，关键词是发展和融入。G3 上通过 Mobileye 的方案做感知融合以及规控，实现基本的单车道运行，以及驾驶员触发的变道功能。在这个阶段其实并没有什么技术护城河，基本还是依靠供应商提供雷达感知、视觉感知、定位信息，靠传感器后融合根据车路模型做运动规划和运动控制，这些内容博世、大陆等主流供应商，以及日系、德系、美系主机厂也可以做，小鹏只是比他们更快地交付了 L2.5 的功能和融合泊车。对小鹏来讲，这个阶段是自动驾驶队伍攻下的第一个山头，打磨了产品、开发、测试、管理等团队的开发合作模式，也是团队协同作战能力的试金石，在市场上取得的不错反响，无疑给开发团队带来了极大的信心，同时也让其他主机厂开始关注到新势力的亮眼表现，提升了客户对于新势力所带来的智能产品的期待。

第二阶段在 2020—2022 年，是小鹏汽车自动驾驶在业内破圈和领先巩固阶段。P7 携带 HNGP 横空出世，让所有人看到了高阶辅助驾驶终将改变出行方式的可能性，一经推出便成为现象级的产品，既叫好又叫座。自动驾驶搭载率和市场客户的里程渗透率都带来了不错的成绩，背后是前瞻的架构设计和强大的工程量产能力，见表 6-2。小鹏首个采用了 Xavier 平台的方案，将算力提升到 30TOPS，在业界是跨代的存在，同时还配备了量产车最强自动驾驶传感器，包括 14 个摄像头、5 个毫米波雷达、12 个超声波雷达、厘米级定位能力的 IMU、分米级的高精地图。那个时期主流的供应商方案算力还处于零点几的状态，一些比较先进的硬件方案比如 TDA4 等硬件平台，算力都在 10TOPS 以下，小鹏 P7 带着未来感的惊艳造型、全场景可见即可说的交互和下一代自动驾驶硬件平台的 HNGP 量产交付了。

表 6-2　小鹏汽车自动驾驶硬件配置

硬件平台	XPilot2.0	XPilot3.0	XPilot3.5	XNGP1.0	XNGP2.0
发布时间	2018 年 12 月	2020 年 4 月	2021 年 10 月	2022 年 9 月	2024 年 11 月
核心处理器	Mobileye EQ4	Nvidia Xavier	Nvidia Xavier	Nvidia Orin-X × 2	Nvidia Orin-X × 2
传感器配置	Camera × 5 3D Radar × 3 Sonar × 12	Camera × 12 3D Radar × 5 Sonar × 12	Camera × 12 3D Radar × 5 Lidar × 2 Sonar × 12	Camera × 11 3D Radar × 5 Lidar × 2 Sonar × 12	Camera × 11 3D Radar × 3 Sonar × 12

小鹏自动驾驶技术发展的第三阶段在 2023—2025 年，关键词是全场景全覆盖的体验攻坚阶段。小鹏汽车自动驾驶的使命是量产低成本、高鲁棒性的硬件架构，实现强大的功能，并保证在驾驶员监控下的安全。这个阶段开始轻地图以实现快速扩城、全场景覆盖，轻雷达以降低综合成本，依靠视觉感知的 Xnet 和 OCC 技术提升视觉感知能力，依靠 AI 大模型提升规划控制能力，构建了长时序、多对象、强推理、更拟人的 Xbrain，最终实现自动驾驶的 AI 化。

6.2.2　高速领航辅助驾驶的成功因素

HNGP 可以说是小鹏自动驾驶从新锐走向引领者的代表作，结合了高精地图和先进的自动驾驶算法，为用户提供了更加安全、智能和便捷的驾驶体验。

HNGP 的核心特点包含使用高精地图和高精定位、升级感知模型、自研的预测和规划控制，以及数据闭环能力。高精度地图是 HNGP 的基础，提供比传统导航地图更详细的信息，包括车道线、交通标志、道路坡度等，这些数据可以帮助车辆更准确地理解和感知环境，从而做出更安全的驾驶决策。高精地图一定要依靠高精定位才能生效，高精度定位技术会融合 GPS 信号、惯性导航系统以及视觉传感器感知输出等综合因素来实现高精定位，使车辆无论是在城市复杂环境还是高速公路，都能保持高精度的车辆定位。

但这些仍然不够，面对实时的复杂路况，需要高感知能力来做动态避让以及变道判断。HNGP 利用多传感器融合技术，包括摄像头、激光雷达、毫米波雷达、超声波传感器等，实现对周围环境的全面感知。通过深度学习算法，系统能够准确识别车辆、行人、障碍物和交通标志等。HNGP 的智能决策算法能够根据实时感知数据和高精度地图信息，做出合理的驾驶决策，如自动变道、超车、匝道汇入和脱出等。控制系统则将这些决策转化为具体的操作指令，实现平滑、安全的自动驾驶，来保证可以正确出入匝道以及发起变道。

小鹏的 HNGP 可以说是自动驾驶产品的现象级功能，打响了自动驾驶功能走进千家万户的第一枪，它是业内第一个可商用的高渗透率 L3 体验的行车产品。那么 HNGP 成功的原因有哪些呢？以下是对 HNGP 的详细介绍，以及它成为自动驾驶行业现象级产品的原因和成功经验。

1）强大的技术基础：HNGP 依托于小鹏汽车强大的技术研发实力，整合了最新的人工智能、传感器技术和高精度地图数据。这些技术的融合使得 HNGP 能够在各种复杂场景下表现出色。

2）用户体验优化：HNGP 在设计上高度重视用户体验，通过智能化的人机交互界面和流畅的驾驶体验，提升了用户的满意度。系统能够根据道路状况自动调整驾驶策略，确保驾驶的舒适性和安全性。

3）持续的技术迭代：小鹏汽车不断进行技术迭代和更新，通过 OTA（Over-the-Air）升级，用户可以随时获得最新的自动驾驶功能和性能提升。这种持续改进的策略，使得 HNGP 始终处于技术前沿。

4）实际道路测试与验证：HNGP 经过大量的实际道路测试和验证，覆盖了城市、高速公路、乡村道路等多种复杂场景。通过不断积累和分析真实世界的驾驶数据，系统能够不断优化和提升。

如果总结成功经验，一定是全价值链共同努力的结果，包含产品设计、研发能力、测试能力、采购和供应能力、生产制造能力、市场营销和交付能力等。首先是产品要以用户为中心，懂客户需求，从实际需求出发，设计和优化 HNGP 的功能逻辑和人机交互，确保系统能够满足用户的实际需求和期望。然后必须有强大的研发团队做产品落地，小鹏汽车拥有一支经验丰富的研发团队，涵盖自动驾驶、人工智能、车辆工程、互联网等多个领域，团队的多样性和专业性是 HNGP 成功的关键因素之一。某种程度上来讲，这也离不开与供应商的紧密合作，包含地图供应商、传感器制造商等，整合最先进的技术和资源，推动 HNGP 的研发和应用。这种合作模式不仅提升了技术水平，还加快了产品的市场化进程。同时还有中后台的技术能力，通过大规模数据积累与分析快速迭代性能，以及做 Corner case 的持续优化，小鹏汽车通过实际道路测试和用户反馈，积累了丰富的驾驶数据，通过大数据分析，持续优化和改进 HNGP 的性能和可靠性。最后是市场推广与品牌建设，酒香也怕巷子深，通过多重宣传和曝光，积累了第一波用户，流量转化成口碑才继续带来了后续的正循环。在品牌推广中，小鹏注重展示技术优势和实际应用案例，增强用户信任和认可度，可以说从 P7 开始，小鹏的科技形象和品牌定位才正式确立下来。

总的来说，HNGP 的成功不仅源于先进的技术和卓越的用户体验，还得益于小鹏汽车在研发、合作、数据积累和市场推广等方面的综合实力和战略布局。

6.2.3　行业卷王

小鹏汽车致力于做未来出行的探索者，这个探索者最大的特点就是"卷"，卷硬件、卷软件、卷价格，最终将高智能低价格的科技普惠路线走到底。

2021 年小鹏汽车第一个将激光雷达量产上车，同行开启了卷算力、卷激光的硬件竞争态势，在软件层面小鹏也交付了城市 NGP，率先将硬件架构使用到极致，就这样在 Xavier 平台里率先实现了激光雷达的量产和城市 NGP 的量产交付，进一步巩固了在业内的领先地位。通过城市 NGP 的交付，极大增强了产研测敏捷协同的研发体系，深化了软件全栈自研能力，相比传统的后融合加规控方案，小鹏深度自研了视觉感知算法和模型，在规则时代结合视觉感知、激光雷达感知、高精地图加持、定位模块支撑，共同建立了行业领先的行为和运动预测的能力，以及行为规划的能力，让整个控制性能大幅提升。同时，小鹏在中后台也建立了如图 6-7 所示的数据闭环能力，实车采集数据和仿真生成的场景数据共同构成大数据集，依靠云端挖掘、自动标注和人工标注建立训练数据集，通过大算力平台下的模型训练生成云端骨干模型，继而发布训练模型，再结合基于规则的代码开发做软件集成发布，通过仿真 KPI 测试后将模型部署到板端，在车端进行实车评价，然后又可以进入数据采集的循环迭代，让大数据得以闭环运转。值得一提的是小鹏具备 Corner case 的定向采集能力，这就大大加速了数据采集效率，加快 Corner case 问题对应的正向研发效率。

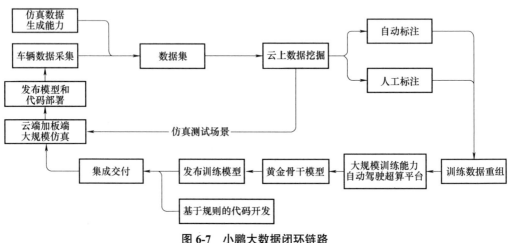

图 6-7　小鹏大数据闭环链路

海量的数据也促使自动驾驶从规则向 AI 大模型转变，小鹏的感知模型也升级为 Xnet，包含静态 Xnet 和动态 Xnet，可以将视频和多帧数据直接用于训练，大幅提升了感知能力的上限，到这里就基本构建了小鹏汽车自动驾驶的发动机体系，即数据闭环和大模型能力构建，成为全球仅有的两个全栈自研体系之一。

什么是全栈自研？自动驾驶的全栈自研指的是一家公司或组织在自动驾驶技术的开发过程中，独立完成从感知、决策、规划、控制等各个核心环节的技术研发和系统集成，而不是依赖外部供应商或合作伙伴来提供关键技术或组件。这意味着该公司拥有自主开发和优化自动驾驶系统所需的全部技术能力，包括以传感器为例的硬件设计、以算法和模型为例的软件开发、系统集成、测试验证等方面。通过全栈自研，能够更好地掌控技术的发展方向、优化性能、保证系统的安全性和可靠性，以及实现技术的差异化和创新性。

注重量产交付和客户使用体验，同时也重视中后台基础能力的提升，让量产反馈和后台数据闭环、模型训练形成了绝佳的闭环链路。这种厚积薄发注重基本功的模式也是小鹏自动驾驶开发团队务实的表现，也是自动驾驶可以走更远的有力支撑，通过对中国场景数据的深挖和对应，比如复杂的道路设计、种类繁多的交通标识、各种交通参与者和频繁的施工建设，最终交付了最懂中国路况的自动驾驶方案。

目前小鹏的自动驾驶方案已经完全摆脱了城市高精地图的依赖，实现了全国无限 ODD 的全量交付，开发范围突破后将聚焦一些极限场景，比如打通 ETC 以实现城市和高速互通，打通闸机以实现停车场和行车道路的打通，再攻克园区道路和无名小道，以实现真正的车位到车位，把全场景彻底打透。

高速的核心能力是变道，城市的核心能力是绕行、避让和路权博弈。高速领航驾驶辅助还仅仅只是上半场，城市辅助驾驶的落地才标志着下半场的开始，而最终的决赛才刚刚开始，谁能在 2024 年实现全国无限 ODD 的城市辅助驾驶，谁就拿到了决赛的门票。城市领航辅助驾驶的比拼内容从"人无我有"的突破战，变成"人有我全"的扩城战，再到"人全我精"的体验战，而决赛的考题就是通过数据闭环和软件迭代，实现长尾问题的收敛及安全性的提升、覆盖度和驾驶效率的打磨提升、横纵向体验的拟人化提升，最终完成全场景的打通，实现点到点辅助驾驶。最后，在安全、体验和效率三个维度综合实力第一者夺冠。

6.2.4 三大核心技术

小鹏汽车自动驾驶技术的核心竞争力是什么？如果说特斯拉 FSD=AI+Data+Compute，那么小鹏的 XNGP=Xnet+Xplanner+Xbrain，这是对其核心竞争力的整体概述。

第一个核心能力是深度视觉感知神经网络 Xnet，它像人类的眼睛。在小鹏 1024 技术发布会上，小鹏自动驾驶技术负责人提到，Xnet 网络通过聚合动态 Xnet、静态 Xnet 和行业首个量产纯视觉 2K 占用网络，能够让自动驾驶系统如同裸眼 3D，对动静态障碍物的检测能力大幅提升（图 6-8）。使用超过 200 万个网格重构世界，对现实世界中的可通行空间进行 3D 高真实度还原，清晰识别静态障碍物的每一个细节，使得感知范围提升 2 倍，面积可达 1.8 个足球场大小，能精准识别 50 多个目标物，让用户如同拥有鹰眼视觉，驾驶时看得更清也更远。

第二个核心能力是基于神经网络的规划大模型 XPlanner，就像人类的小脑。小鹏在国内首先使用了 AI 大模型，如图 6-8 所示 XNet 和 XPlanner 的结合使用让感知和规控释放出了 AI 的魔法。小鹏自动驾驶负责人李力耘博士曾提到，小鹏端到端大模型的应用让自动驾驶的战争从冷兵器时代变到热兵器时代，不再是希望找一些武功高强的人组成一支部队，万军之中取上将首级，而是通过云端算力、车端算力的部署，加上大量数据，通过训练模型来解决问题。这就好比在热兵器时代，我们要通过开采矿物、冶炼钢铁、造枪造炮、排列部队阵型去赢得胜利，所以在端到端时代，解决智能辅助驾驶问题变得更难，因为整个链条变得更长。从单点来看，不排除有一些组织力很强、特别有资源的厂商能够跟上这个转型，但对于更多车企和供应商，端到端之后的智能化竞争其实变得更难，既需要人才厚度、密度，也需要算力、大数据，还需要更长的工程链条。以前只需要每个模块有一些武林高手，现在需要有一个流畅的工程体系，用来每天承接数以百万甚至千万计的数据，把它们流转成算法。这段表述非常精辟地描绘了从规则赛道迁移到 AI 大模型赛道的特点，在 AI 时代在技术层面比的是硬件算力、模型结构和海量数据，在组织上比的是工程体系，存在任何一个短板，AI 的魔法都无法释放。而小鹏在规则层面是先行者，在大模型时代也是先行军，正是通过海量数据时刻训练，才使得 XOS540 之后的驾驶策略不断向拟人化演进，拥有"老司机般的脚法"和舒适飘逸的横向变道体验，使得前后顿挫减少 50%、违停卡死减少 40%、安全接管减少 60%，横向变道舒适性和安全性也同步提升，夯实了第一梯队的位置。

第三个核心能力是大语言模型 Xbrain，相当于人类大脑。引入该模型后，自动驾驶系统拥有了类似人类大脑的理解学习能力，处理复杂甚至未知场景的泛化处理能力大幅提升，对真实物理世界的宏观逻辑的推理能力也得到增强。在 Xbrain 的加持下，自动驾驶系统能够认识待转区、潮汐车道、特殊车道、路牌文字等，进而做出兼顾安全、性能的拟人驾驶决策。

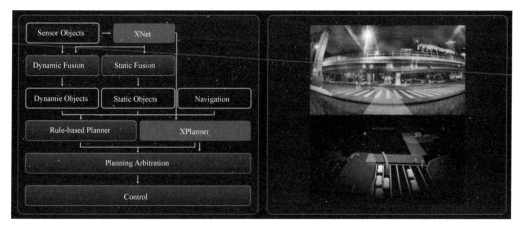

图 6-8　小鹏 1024 展示的算法架构示意图

此外，小鹏汽车的 XNGP 目前已经摆脱了城市高精地图的限制，具备全国覆盖能力，能高效完成变道、超车、绕行障碍、路口转弯及识别红绿灯等操作，并采用安全驾驶策略，包括主动避让货车、雨天夜晚安全降速、预防性减速及主动鸣笛等。以上这些核心能力使得小鹏汽车在自动驾驶领域具备较强的竞争力，为用户带来更智能、安全和便捷的驾驶体验。

小鹏汽车董事长何小鹏在百人汽车论坛上也提出，过去的十年是电动化的十年，未来的十年是智能化的十年，而智能化最大的引擎就是数据驱动和模型驱动。展望未来，竞争的胜负手仍然在于软件，更确切来讲是在于 AI，从软件定义汽车变为 AI 定义汽车，大模型的量产应用成为自动驾驶的又一分水岭和新的护城河。

从软件定义汽车到人工智能定义汽车的转变，是自动驾驶发展的必然趋势。在小鹏智能驾驶技术分享会上，小鹏公布了端到端大模型的技术路线，如图 6-9 所示，通过车端采集海量数据，并对数据进行清洗和挖掘，然后输入给云端大模型构建超强云端能力，之后将云端大模型一方面通过知识蒸馏到车端大模型，用于车辆部署和实车交付的开发，另一方面会拿云端大模型构建世界模型，通过提取仿真做强化学习，再赋能给车端大模型。这样使得交付给客户的车端大模型得到了三条支流的加强，分别是云端大模型蒸馏、车端数据集训练和离线仿真库的强化学习，最终把更聪明、更拟人的自动驾驶功能交付给客户。

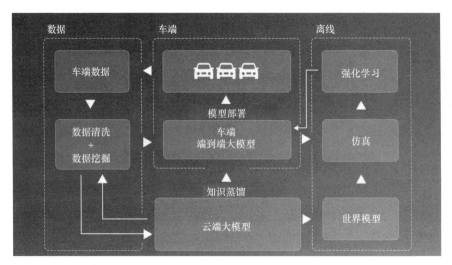

图 6-9 小鹏智驾技术分享会展示的大模型方案示意图

端到端大模型为自动驾驶带来了突破性的进展，把规则时代的物理攻击升级到大模型时代的魔法攻击。模型、算力和数据不能有短板，谁能够用最小的代价和最快的时间把海量数据清洗和挖掘后训练出优质模型并部署到极具性价比的硬件平台上，谁就掌握了主动权。它是技术和工程结合的复杂系统，能否将大模型量产成为当下自动驾驶领域竞争的新分水岭。

只有具备雄厚技术实力和资源投入的企业，才能够克服在模型训练、优化和部署过程中遇到的各种难题。那些没有做技术储备和基础能力建设的企业，则可能在技术竞争中逐渐落后。同时，大模型的量产也构筑起了自动驾驶技术的护城河。一旦企业成功量产并应用了高性能的大模型，其他竞争对手想要追赶就会面临巨大的困难。首先，获取和处理大规模的数据需要时间和成本，新进入者难以在短时间内积累足够的数据来训练出同样优秀的模型。其次，开发和优化大模型的技术能力是长期积累的结果，包括算法创新、模型架构设计和工程实现等方面。再者，已经量产大模型的企业可以通过不断的迭代和改进，进一步巩固其技术优势，使得竞争对手难以突破。

理想是美好的，但在工程落地上仍然面临着不少挑战，技术上可能出现模型过拟合，以及由于大模型的可解释性和透明度仍然有限，在问题分析和对应的难度上会更大，也就是业界常说的"大模型上限很高，下限很低"。魔法盒打开的时候，还是要有规则和工具能够给不符合预期的问题做短期兜底，模型和规则不是一刀切式的过渡，而是会存在 3~5 年的过渡期，模型比重越来越大，规则会成熟地固定在一些特定的场景和功能上。从用户角度，存在数据隐私和安全问题，大量的车辆数据涉及用户的个人信息和行踪，如何确保数据的合法收集、存储和使用，以及防止数据泄露是亟待解决的问题。

为了应对这些挑战，政府、企业和社会各界需要共同努力。政府应制定相关的法律法规和政策，规范自动驾驶技术的发展和应用，保障公众的利益和安全。企业要加强技术研发和创新，提高大模型系统的可解释性和安全性，同时积极探索绿色计算和可持续发展的解决方案。社会各界应加强对自动驾驶技术的科普和宣传，提高公众的认知和接受度，促进技术的广泛应用和发展。

综上所述，自动驾驶竞争的胜负手在于软件，在于 AI，从软件定义汽车到 AI 定义汽车的转变是不可阻挡的趋势。大模型的量产成为新的分水岭和护城河，决定着企业在自动驾驶领域的地位和竞争力。尽管面临诸多挑战，但随着技术的不断进步和各方的共同努力，自动驾驶必将为我们的出行带来更加安全、便捷和智能的未来。

6.3 华为 ADS

华为智能汽车 BU 成立于 2019 年 5 月，相比于特斯拉和小鹏起步较晚，但从硬件开发技术和软件能力迭代速度来看，已经后来居上，逐渐站稳自动驾驶第一梯队的位置。如图 6-10 所示，2022 年 ADS1.0 交付商用，可支持城市领航辅助驾驶，代表车型是北汽极狐系列车型；2023 年华为 ADS2.0 率先提出全国都能开、有路就能开，推广无限 ODD 交付给终端客户，通过黑名单模式进行扩城，即默认全部开放，按需去除 ODD，这种方式改变了原来普遍的白名单扩城模式（所谓白名单是指测试后才释放 ODD，没测试都不释放）；2024 年华为提出 ADS3.0 车位到车位的概念，尤其是在泊车代驾上基本媲美 L3 的体验，把使用场景从有路就能开扩展没有导航路径的园区小路以及地下停车场；从 2025 年开始 L3 功能将逐渐进入商用和试点模式。

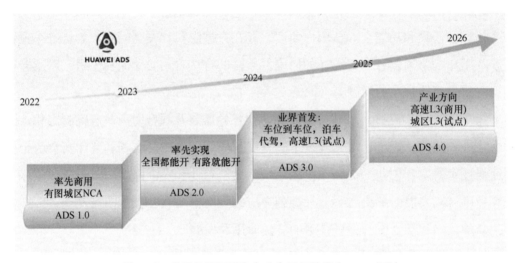

图 6-10 世界智能网联汽车大会展示的华为 ADS 规划

6.3.1 三种合作模式

华为汽车业务对外主要分为三种合作模式，第一种是传统 Tier1 模式，作为供应商给主机厂提供零部件方案，比如可单独提供毫米波雷达、激光雷达，以及基于主机厂电子电器架构的子系统设计，主要面向具备一定研发能力的主机厂，其整体是自研的基调，供应商依附于主机厂的技术方案；第二种是 HI 模式（Huawei Inside），会为主机厂提供一整套的系统解决方案，与主机厂深度合作，并对系统级的开发结果负责，例如与北汽合作的极狐系列车型，这个模式下主机厂会完全放权给华为开发全套的自动驾驶系统，华为是一整套技术的方案提供商；第三种是智选车模式，即华为不仅为车企提供全栈的解决方案，还包括品牌授权和运营，以问界为代表的合作模式，让华为深度进入造车模式，几乎完全主导车型开发和营销，主机厂管理生产和制造，在这个过程中华为将自身的品牌、渠道、营销经验，充分赋能主机厂，在某种程度上，消费者会倾向于认为这是华为自己造的车、华为就是主机厂。三种合作模式在经过市场检验后证明，智选车模式更适合当前的竞争态势，能够让车型产品具备更强的竞争力。

在平台化上，华为作为 Tier1 从一开始就会从架构和软硬件方案上做充分的模块化，支持各种开发模式的对接。如图 6-11 所示，华为控制的硬件尺寸平台化，并且在硬件接口上也保持平台化，包含传感器接口和执行器等相关模块的交互都是平台化接口，在功能软件平台层也是基于一样的 SOA 架构，遵循 AUTOSAR 规范，和平台化的软件模块，并且甚至应用层面的功能和逻辑都是保持一致的。这样在对接多个主机厂进行自动驾驶系统开发时可以最小化开发代价，只需要在整车的架构、通信以及参数适配上做开发即可，可以最大化复用华为能力，给华为自己的技术迭代松绑，并且对主机厂来讲修改内容越少开发风险就越低，是一种双赢的策略。

2021 年 4 月华为推出 ADS1.0 平台方案，其概述见表 6-3。车载计算平台采用 MDC 810 硬件，同时配备 13 个摄像头、12 颗超声波雷达、6 颗毫米波雷达，以及 3 个激光雷达，在硬件军备竞赛的环境下，ADS1.0 打响了第一枪。它在软件上高度依赖高精地图，是跑在高精地图里做避障的技术方案，高精地图提供丰富的自车轨道信息，BEV 感知模式根据实时测算和高精地图的数据进行匹配，然后通过多路激光雷达和超声波雷达进行 3D 可行空间的检测，以及动态障碍物的减速避让。这种方式的优点是可以用高精地图弥补实时感知能力的不足，为高阶自动驾驶的快速落地提供窗口机会，也是中国新势力车企开发的必经技术路径。但随着无限 ODD 扩城的深入，高精地图的拐杖也将被彻底放弃，随之而来的是实时感知能力的提升，这也是 ADS2.0 的核心能力提升之一。

图 6-11 华为 MDC 白皮书提供的开发标准化方案

表 6-3 华为 ADS 平台化方案概述

硬件平台	ADS1.0	ADS2.0	ADS3.0
发布时间	2021 年 4 月	2023 年 4 月	2024 年 4 月
核心处理器	MDC810	MDC610	MDC610
传感器配置	Camera × 13 Radar × 6 Lidar × 3 Sonar × 12	Camera × 11 Radar × 3 Lidar × 1 Sonar × 12	Camera × 11 Radar × 3 Lidar × 1 Sonar × 12

2023 年 4 月华为推出 ADS2.0 平台方案,其硬件层面摄像头精简为 11 个,毫米波雷达精简为 3 颗,激光雷达减少到 1 颗,域控制器的主芯片也从 MDC810 变更为 MDC610,对应算力从 400TOPS 降低为 200TOPS,大大降低了硬件 BOM 成本。在软件算法方面,ADS2.0=BEV+GOD2.0+RCR2.0,融合 BEV 能力,提升通用障碍物检测能力,以及道路拓扑推理能力,减少了对高精地图的依赖,形成了华为自己的算法组合。和特斯拉对比,华为是坚定的激光雷达方案使用者,其 GOD2.0 会在视觉基础上融合激光雷达 3D 点云,以获得更好的异形障碍物检测能力;而纯视觉方案的特斯拉则是通过 Occupancy networks 的方式,用摄像头加 3D 检测算法

来实现。RCR2.0，即 Road.Cognition & Reasoning 的第二代，其核心使命是"看得懂路"，通过实时定位、车道线识别、导航输入等信息构建周边道路拓扑，解决的是路径问题，看得懂路才能规划出更合理的轨迹。这一代平台是华为智驾方案号称"遥遥领先"的基石，一方面成本下降，另一方面技术能力和性能比 ADS1.0 大幅提升。但这一代产品仍然是基于规则的开发模式，它可以让自动驾驶产品达到可用和好用之间的状态，虽然距离真正的"老司机"仍然存在差距，但已经成为消费者选购智能驾驶车辆的核心因素。

2024 年 4 月华为推出 ADS3.0 平台方案，命名为"乾崑"，提出了车位到车位的全场景解决方案。这代产品的核心亮点是将搭载 GOD+PDP 两端式大模型，GOD 是通用障碍物检测的感知大模型，而 PDP 则是路径规划的规控大模型，相对规则式的路径规划，PDP 主要依靠来自车端数据的训练，本质是把规则驱动改为数据驱动，目的是让驾驶路径更加拟人。这一代产品的起点就是城市领航辅助全国无限 ODD，不久的将来会达成全场景覆盖，包含停车场、闸机、内部路、城市道路、高速公路全部可用的产品形态，将自动驾驶的竞争带入季后赛，全明星阵容比拼 AI 大模型，"在体验上瞄准老司机，在稳定性上超越老司机"，是这代自动驾驶平台方案的使命。

据华为技术发布会官方披露，通用障碍物识别和预测决策规控的使用，可以大幅提升自动驾驶的安全性和舒适性，并且依托云端大算力能力和大数据闭环获取能力，每 5 天就可以迭代一次大模型，成长速度很快。按照这个大模型的发展速度，华为应该和特斯拉、小鹏一样拥抱纯视觉路线，去除激光雷达，为什么华为的自动驾驶方案一定要使用激光雷达呢？一方面特斯拉和小鹏是主机厂，具有更强的降本诉求，减少对激光的依赖可以大幅降低成本；另一方面作为主机厂可以快速拿到海量数据进行纯视觉模型的训练和能力提升，更容易把视觉模型做得更快。而华为作为 Tier1，一方面多卖一个激光雷达就多一份销售额，尤其是在受制于纯视觉感知模型训练的情况下，带着激光雷达交付给主机厂会让整个技术开发难度更低，这种情况下既有高收益又是低风险。因此，当前选择继续使用激光雷达来弥补纯视觉感知是更好的选择。

6.3.2 技术和营销双管齐下

华为自动驾驶成名于主动安全 AEB，在业内竞相追逐行车和泊车体验差异化的时候，华为选择在相对蓝海的主动安全领域发起攻击，在 AEB 上具备了更大的可刹停速度，覆盖更全面的障碍物类别和场景。经过一系列媒体测评宣传，华为的主动安全功能很快得到用户认可，也让整个行业开始重新审视主动安全的定位，对主动安全功能的发展提供了助力。

另一方面，在扩城之战中，华为率先推出全国都能开，在全国范围内的主干道和次级道路上可支持城市领航辅助驾驶运行，给全国的扩城之争画下了句号；后续在泊车上的发力，支持断头车位泊入、双向泊入、自定义泊车，几个连招让华为在自动驾驶领域迅速跃升至第一梯队，为业内的自动驾驶功能开发提供了方向性的指引。其中既有产品设计的巧思，如双向泊入和自定义泊车，也有视觉加激光雷达融合算法的优势转换，可以做到更具鲁棒性的精确避障。

总结来讲，华为是通过技术和营销双管齐下，走向了自动驾驶第一梯队。

在技术方面，华为持续加大对自动驾驶系统开发的投入，建设了约 7000 人规模庞大的研发团队。要知道传统主机厂的自动驾驶研发和测试人员不过一两百人，新势力主机厂的研发人员也就在千人左右，华为从团队规模和人才密度上是超配状态，拥有包含人工智能、芯片技术、传感器等多领域的软硬件专家，强大的研发团队和资金投入保障了技术的不断创新和突破。

在营销方面，华为通过各种渠道积极宣传其自动驾驶技术的优势和成果，提升品牌知名度和影响力，例如，举办技术发布会、参加车展等活动，展示其最新的自动驾驶技术和产品，吸引了行业和消费者的关注。在品牌建设与宣传推广层面，强调其技术的安全性、可靠性和领先性，树立了良好的品牌形象，增强了消费者对华为自动驾驶技术的信任和认可。在用户体验为中心的营销策略下，华为注重用户体验，深入了解用户的需求，在自动驾驶功能的设计上更加人性化、智能化，能创造出一些营销的亮点和爆点，比如矩阵式像素前照灯、主动横向避让鬼探头、小路窄路丝滑绕行等宣传视频层出不穷，强化潜在客户的智能化认知。同时还会依托营销和售后渠道，收集用户反馈和实际驾驶数据，不断优化和改进自动驾驶系统，提高用户的满意度和忠诚度。

除了本身技术和营销强，华为还与多家主机厂探索展开深度合作，形成了合作共赢的商业模式。这一举措，同时激活了多家主机厂的营销资源和渠道资源，让华为的自动驾驶产品能够有更多的曝光率和更广的交付渠道。华为提供了技术和品牌，以及天网营销，调动了各大主机厂的供应链能力、制造能力和下沉的渠道能力，形成了"打群架"的态势，以供应商的身份号召多个主机厂形成品牌联盟，也是行业难得一见的合作模式。

6.3.3 自动驾驶核心技术

华为方案的核心优势是硬件深度自研，依托于强大的研发团队，专注于自动驾驶技术的研发，在芯片、算法、操作系统等方面实现了全栈自研，具备完整的知识产权和技术掌控能力。它在算法上自研并应用了 GOD 和 RCR 技术，其中 GOD 技术是一种通用障碍物识别技术，在视觉方面可将 2D 图像转换为 3D 空间进行体素化处理，用占据栅格的形式来表达 3D 的物理世界，能够清晰地表达出物体在空间中的位置，并且华为的 GOD 技术还综合应用了多传感器融合，利用激光雷达、毫米波雷达和摄像头的多种传感器数据，更全面、准确地识别出障碍物。据官方输出的数据显示，GOD 成功检测通用障碍物的识别率高达 99.9%，提高了自动驾驶的安全性，减少了因障碍物识别错误而导致的事故风险。

另一方面 GOD 具备深度理解驾驶场景的能力，在识别障碍物的同时，还可以感知道路结构和场景语义，实现了从简单"识别障碍物"到深度"理解驾驶场景"的跨越，为车辆的决策和规划提供更全面的信息支持，使得自动驾驶更加智能和可靠。其主要应用场景在于通过识别路缘、柱子、墙壁、悬空物、栅栏和隔离带等形形色色的障碍物，规避行车和泊车中的碰撞风险。通过普通导航地图、实时感知反馈和 RCR 网络推理技术的结合，可以构建出道路拓扑图，再加上实时感知的反馈，使自动驾驶系统不再依赖高精地图的情况下，实现对道路信息的理解，用拟人的方式完成路径决策。据官方数据披露，利用 RCR 技术可以实现复杂道路环境的实时推理，感知面积达到 2.5 个足球场大小，使车辆能够真正看得懂路，真正能够解析道路结构信息并转化成规划决策。自动模式下，RCR 技术为车辆提供准确的导航信息，帮助车辆规划最优的行驶路径，并根据道路拓扑结构和实时交通状况，选择最合适的车道、速度和行驶策略，提高车辆的行驶效率和安全性。在泊车场景中，RCR 技术可以帮助车辆识别停车位的位置和大小，规划泊车路径，并控制车辆准确地停入车位，它能够应对不同类型的停车位，包含平行车位、垂直车位和斜向车位，是车位到车位全场景驾驶的重要技术前提。

在硬件自研方面，同时具备控制器自研以及核心传感器自研能力的主机厂少之又少，而华为的 MDC 智能驾驶计算平台，是实现智能驾驶全景感知、传感器融合定位、决策、规划和控制功能的硬件载体，具有强大的算力，能够快速处理大量的传感器数据和复杂的算法运算。传感器方面，华为自研了车规级激光雷达，其分辨率高，能够对小的目标进行更好的识别，对于障碍物的识别更加精细。华为作为供应商，通过和多个主机厂的绑定合作形成规模化，拉低系统硬件的成本，这个是其核心优势之一。而其弱势在于毕竟不是主机厂，无法获取第一手用户闭环数据，但随着华为和主机厂的合作模式更新，华为似乎在代替主机厂主导整个开发过程，通过各种形式的合作协议，这一问题应该可以得到解决。

第 7 章 自动驾驶行业竞争格局

自动驾驶技术的竞争有三个关键词：量产、自研、平权。竞争的前提是可交付、可落地的自动驾驶功能，给用户提供量产的、支持无限 ODD 的、支持全场景点到点的自动驾驶功能，是自动驾驶行业玩家进入淘汰赛的必要前提。深度自研是下一个阶段的护城河，特斯拉、华为、小鹏、蔚来纷纷宣布自研芯片，软硬结合，在芯片和算法上加深护城河，是终极之战的必要准备，也是发起最后规模化冲刺的重要基石。平权意味着标配，意味着性价比，意味着深度自研的软硬件系统具有极低的成本，谁能率先通过规模化做到科技普惠，谁就真正抢占了市场。商业体的成功往往伴随着较高的品牌溢价，而自动驾驶技术，将是打造智能汽车科技标签的胜负手，获得智驾者得天下。随着技术的不断进步和市场需求的增加，竞争趋于白热化。本章将详细探讨自动驾驶行业的竞争现状，分析主要市场参与者的策略和市场前景。

7.1 自动驾驶行业的竞争现状

自动驾驶技术经历了从高级驾驶辅助系统（ADAS）到完全自动驾驶（L5）的不断演进。早期的 ADAS 功能，如自适应巡航控制、车道保持辅助等，为实现完全自动驾驶奠定了基础。近年来，随着人工智能、传感器技术和大数据分析的快速发展，自动驾驶技术取得了显著进展。

自动驾驶行业的主要参与者是 L4 科技公司、主机厂和自动驾驶方案供应商，最早让自动驾驶技术从学术走向商业的是 L4 科技公司，例如，谷歌旗下的 Waymo 专注于研发全自动驾驶技术，并在多个城市开展了自动驾驶出租车服务，百度通过其 Apollo 平台，开放自动驾驶技术，与众多车企和供应商合作，推动自动驾驶生态的发展。它们的打法是"自上而下"，先实现高等级自动驾驶功能，再推进其商业应用；而把自动驾驶技术成果率先交付给用户的是主机厂，它们打法是"自下而上"从 L2 逐步渗透。其核心是量产交付，在量产交付的基础上逐步提升自动驾驶的能力和范围，比如特斯拉作为电动车和自动驾驶技术的先驱，通过不断的技术创新和市场推广，成为量产交付自动驾驶功能的领导者之一。而供应商则是主机厂量产交付的有力支撑，一方面供应商把 L2 驾驶辅助功能的开发经验带到了主机厂，另一方面，传感器和控制器等硬件供应商的同步发展是主机厂量产的基石。目前来看走"自下而上"量产之路的主机厂掌握了更多市场，逐步将高级别自动驾驶功能从无到有地交付、从有到精地打磨，最终经历充分竞争后达到成熟的稳态经营阶段。

从技术路线层面来看，传统车企通常采用"渐进式"路线，从基础的辅助驾驶逐步向更高级别发展，强依赖供应商提供完备的方案，自身从架构和全栈开发体系中的话语权较弱，不具备引领开发的能力，还处于供应商黑盒平台化交付加测试验收合作模式。"蔚小理"等造车新势力则倾向于阶跃式发展，直接瞄准高等级自动驾驶的体验，使用 L2 的技术架构和方案，实现 L3/L4 的体验，再根据法律法规政策和商业成熟度，观望何时向更高级别迈进。从专利数量来看，行业集中度较低。截至 2024 年 2 月 27 日，无人驾驶汽车行业有效专利数共 6729 项，其中百度、华为、普渡科技拥有的有效专利数最多，但三者专利数合计占比仅为 10.39%，其他都散落在各家主机厂，没有明显的头部压倒性优势。从发展趋势层面，国际竞争激烈，无人驾驶已成为国际人工智能技术和产业竞争的焦点之一，多个国家的汽车企业和研发机构纷纷采取措施加快发展。中国虽然在产业技术开发和规模化示范应用方面有一定优势，但也面临着激烈竞争和挑战。同时上下游的技术融合进一步得到深化，无人驾驶是新一代传感器、高算力芯片、新型传动系统以及人工智能等前沿技术的深度融合与应用。随着相关技术的发展，无人驾驶汽车的智能水平逐步提高，将加速在实际场景中落地应用。在产业政策推动方面，中国出台了一系列产业政策，以推动汽车智能化、网联化技术应用和产业发展，规范智能网联汽车自动驾驶功能测试与示范应用，例如《智能网联汽车技术路线图2.0》《关于确定智慧城市基础设施与智能网联汽车协同发展第一批试点城市的通知》《智能网联汽车道路测试与示范应用管理规范（试行）》等。

在终端市场层面，消费者接受度明显提升，随着ADAS技术的成熟和产品价格下降，其功能逐渐从中高端车型向中低端车型渗透。消费者对汽车安全与智能化配置的关注度提高，中国消费者对中高级别自动驾驶的接受度相对较高。

该行业也面临不少挑战，包括如何进行高级别自动驾驶的安全监管，如何逐步实施和放开L3/L4驾驶功能等。各家的技术同质化严重，但面向未来的胜负手在于AI大模型的技术能力，取决于谁的模型更大、数据更优、算力更强，当下自动驾驶头部玩家已经进入了AI新一轮军备竞赛，而基于规则的开发方式和开发方案都将逐渐退出历史舞台。AI时代的竞争，其实对主机厂和供应商提出了更高的要求，对AI大模型和数据迭代的综合能力是个新挑战，同时需要更大的资金、人才的投入。总体而言，自动驾驶领域竞争激烈，各OEM和供应商在技术研发、市场布局等方面积极发力，同时也面临着政策和法规等多方面的要求和挑战。未来，随着AI技术的进步、政策的完善以及市场的发展，自动驾驶会逐渐覆盖中高端车辆，自动驾驶的AI能力将会和座舱进一步深度融合，同时自驾AI也将向更为通用的机器人方向迁移，使用AI技术以机器人为载体为社会提供更多商业化服务。

7.2　自动驾驶竞争焦点与差异化策略

自动驾驶技术作为未来交通领域的核心变革力量，正吸引着众多企业和机构投入巨大的资源进行研发和创新。在这个充满机遇和挑战的领域，竞争日益激烈，而竞争的焦点和差异化策略成为决定企业成败的关键因素。

竞争焦点主要在AI大模型的技术研发能力、产品形态设计、大数据闭环能力，其背后分别对应着从无到有的技术突破期、从有到精的产品体验引领期，以及从精到多快好省的AI快速迭代能力。在从无到有的技术突破期，核心是自动驾驶系统架构和方案设计、传感器技术、算法和模型能力，以及核心芯片的硬件设计能力，同时需要具有快速的工程落地能力把各技术模块级联起来，并且通过高效的测试能力不断试错、打磨、纠偏，使技术能够转化成可交付的量产功能。这里的核心能力是全栈各模块的工程集成能力和快速试错的量产交付能力。把激光雷达、毫米波雷达、摄像头、高精地图、IMU、GPS 等感知信号进行处理，通过时间同步、内容解析和感知识别，再到感知融合、预测规划和决策，最终实现整车控制。并且还要软硬结合，把这些算法模块集成到合适的硬件系统里，例如，TDA4、Mobileye EyeQ 系列、NVIDIA Xavier 和 Orin 系列硬件载体中，这样一套跨专业跨学科的工程集成能力，以及敏捷迭代开发体制是成功的宝贵经验。

技术驱动更多解决的是从无到有的内容，是打江山的逻辑，可以为了打赢胜仗不惜代价地进行重兵和重资投入，一股脑地毯搜索式测试和全力研发冲刺，可以保证新功能平稳落地。而一旦经历过这一关后，就会有很多跟随者快速效仿成功路径，在一两年内快速追齐从无到有的过程，进入从有到精的过程。这个阶段的核心是如何在体验上力压群雄，这时再全靠问题驱动就会变成闭门造车、不合时宜了，需要从策略上变为打蛇打七寸、以终为始的产品驱动。当技术趋于同质化，不再是核心瓶颈后，各主机厂就像做衣服一样，大家都能拿到差不多的布料，比的就是量体裁衣的能力了，谁的衣服更合身、更时尚成为竞争的焦点。关键矛盾则变成了如何用有效的资源和投入，获得最大的用户体验效果，从产品视角一定要反复审视的问题是，这会不会让客户更方便、更高效、更安全，以及这个功能和体验是否急客户之所急，是否可以产生兴奋点，带来"Wow"的感受。要细分到每一个实际使用场景来下功夫，又要从使用范围、使用频次、使用感受等多个角度不断地将自动驾驶的用车过程用体验串联起来，从而形成既有产品亮点又有技术支撑的组合拳。

产品静态也会在完成全范围、全场景后的一两年内逐步把体验打磨到主流驾驶员水平，这里的全范围是指全国都能开，甚至全球都能开；全场景是指车位到车位，从车位触发经过停车场闸机、小路、城市主干路、ETC、高速公路，再从高速公路逆过程到车位的过程。如果说高速领航辅助驾驶开启了自动驾驶竞争的上半场，城市领航辅助驾驶的交付开启了自动驾驶的下半场，那么全范围和全场景的实现，则标志着自动驾驶常规赛的上下半场竞赛完全结束，进入季后赛阶段。能够进入季后赛的选手不超过 5 家，会分别来自主机厂和供应商，跟随着 AI 和大数据的竞争，进入最后一个阶段，如何多快好省地交付 AI 模型，完善技术能力，超越"老司机"，是这个阶段的使命。它的起点便是好用，这个过程要解决的问题是让用户爱用，并且甚至完全替代用户驾驶，进入真正的 L4 阶段。

各个竞争阶段，要如何做差异化呢？所有差异的核心就是以新打旧，采用新技术、新产品、新机制、新方法，甚至新的商业模式来形成打击力，就像新势力与传统车企的竞争。这里就是一个无限循环，一旦新势力入局，它们就变成了旧势力，未来还会产生新的新势力，但回到根本，这个从 0 到 1、从有到精，再到多快好省的三个阶段，还是有些规律可循的。

从 0 到 1 的过程，要专注特定场景或应用，不追求全面铺开，而是选择特定的、有迫切需求且技术难度相对较低的场景，如高速领航辅助功能、记忆泊车功能等，明确靶子不贪多，集中资源实现从无到有的突破。同时还要做创新技术路径，打破四分五裂的多供应商开发机制，用自研掌握核心技术，给供应商去势，让他们成为支持者和执行者而不是整个方案的掌控者。并且还要不断探索与众不同的技术解决方案，例如开发独特的传感器融合算法或采用新颖的通信技术，或者感知融合以及规划决策技术，以在早期建立技术壁垒。另外，自动驾驶是一个行业多家上下游企业共同打造的，要建立独特的合作伙伴关系，与战略供应商或者下游各种参与者建立合作关系，商业模式的变革和提效，会给技术和产品的发展带来更多的想象空间。

人有我精的过程，则需要时刻把优化用户体验放在第一位，深入了解用户需求，不仅关注驾驶的安全性和效率，还注重车内环境的舒适性、娱乐性和个性化设置，提供超越竞争对手的优质体验。另外还要做强强联合的大智能，用多模块打群架的方式形成竞争网络，增加竞争生态，例如华为和小米的车家生态，这些因素相互耦合起来会产生化学反应，带来更强、更持久的连带效应。当然，产品体验卷到最后不得不提到定制化服务，可以根据不同地区、用户群体和使用场景，提供定制化的自动驾驶功能和服务，满足多样化的市场需求。

AI 模型和大数据不断多快好省迭代的过程中，比的是效率和投入产出比，要有一套数据优化策略，更关注数据的质量而非单纯的数量，通过精细化的数据标注和筛选，提高数据的利用效率，降低数据处理成本。同时还要研发高效的模型训练方法，使其具有低成本和高效率，比如充分调动存量客户的积极性，提供高价值数据，以及采用先进的模型训练技术，如分布式训练、自动超参数调整等，加快模型的迭代速度。如果AI模型和大数据是自动驾驶竞争的终局，那么从社会资源的角度考虑，未必要关闭某家车企或者技术公司，而是可以考虑开放创新生态，建立开放的数据和模型共享平台，吸引开发者和研究机构参与，共同推动技术进步，同时提升自身在行业中的影响力和合作机会。

总之，要在自动驾驶的竞争中脱颖而出，不能有短板，要做六边形战士，除了自身核心技术能力、产品设计能力、AI迭代能力外，还要具备出色的营销能力、完善的供应链体系能力、强大的品牌影响力，需要在每个阶段都明确自身的优势和市场定位，采取创新且针对性强的策略，不断适应市场变化和技术发展。

7.3 自动驾驶行业的未来发展趋势

过去的智能更多是应用层的狂欢，基本所有核心硬件全部来自海外企业，而在自动驾驶领域，国内企业有望通过芯片自研、软件系统自研、核心算法自研，建立全新的智能交付秩序，形成软件独立研发、硬件相互依赖的格局。伴随着中国智能电动汽车在全球的迅速发展，在未来的几年内，中国芯片、中国技术的智能电动汽车将会在全球内占据更大的份额。智能电动汽车的繁荣和发展，背后是整个上下游产业链的共同进步，随着芯片自研和供应保障，国内供应商产品和生产制造技术迭代更新，主机厂生产工艺和质量保障能力，都会跟随着市场份额的增大而变得更加成熟，从而引领和带动更多的主机厂使用中国的硬件和供应链。

未来，纯视觉技术流派和激光雷达融合技术流派将长期共存。众所周知，在自动驾驶技术的发展过程中，形成了两大主要流派：纯视觉技术和多传感器融合技术。这两种技术路径在感知、决策和控制等方面具有显著的差异，各有优劣。随着激光雷达的成本降低，这两个技术流派将在相当长的一段时间内持续并存。

纯视觉技术是指主要依靠摄像头获取环境信息，通过图像处理和计算机视觉算法实现环境感知和驾驶决策，特点是不使用激光雷达。特斯拉是纯视觉技术的代表企业，参考人类的行为习惯，用视觉作为主传感器，模仿人类大脑，通过增强算法模型的学习和识别能力、预测能力和路径规划能力，完成高阶自动驾驶的开发。

纯视觉技术通过摄像头获取环境图像，利用计算机视觉算法进行图像处理和物体识别，从而实现环境感知和驾驶决策。纯视觉技术的关键在于图像处理算法和计算能力，需要能够实时处理大量的图像数据，并做出准确的决策。纯视觉技术主要依靠摄像头，成本相对较低，适合大规模量产应用；摄像头体积小、重量轻，易于集成到车辆中，且对车辆改动较小；计算机视觉和深度学习技术发展迅速，不断推动纯视觉技术的进步和应用。另一方面，纯视觉的感知能力有限，摄像头在低光、强光和恶劣天气条件下的性能有限，容易受到环境影响；同时计算需求也比较高，纯视觉技术需要强大的计算能力，才能实时处理和分析大量图像数据；在可靠性方面也存在天然的不足，纯视觉技术在某些场景下的感知能力有限，存在一定的安全隐患。

多传感器融合技术是指利用多种传感器（如摄像头、激光雷达、毫米波雷达、超声波传感器等）获取环境信息，通过数据融合和综合处理实现环境感知和驾驶决策。Waymo、华为、理想等都是多传感器融合技术的代表企业，在发展视觉识别能力的情况下，也坚定地使用激光雷达，通过两种传感器的深度融合，完成高阶自动驾驶的开发和交付。

多传感器融合技术通过摄像头、激光雷达、毫米波雷达和超声波传感器等多种传感器获取环境信息，利用数据融合算法进行综合处理，从而实现环境感知和驾驶决策。多传感器融合技术的关键在于传感器数据的实时融合和综合分析，需要能够处理多源数据，并做出准确的决策。多传感器融合技术能够在不同环境条件下获取准确的环境信息，具有较强的感知能力；另外，通过多种传感器的综合分析，提高系统的可靠性和安全性；在适应性方面，多传感器融合技术能够适应不同的驾驶场景和环境条件，具有较强的适应性和灵活性。另一方面，由于具有激光雷达，其成本相对较高，多传感器融合技术需要多种传感器，总体成本较高，不利于大规模量产应用。同时，在整车层面的集成复杂，激光雷达、毫米波雷达等传感器需要解决传感器布局、数据传输和计算处理等问题，给造型设计带来了一定的限制和挑战。

在当前这种竞争格局中，特斯拉坚定地走纯视觉路线，小鹏最接近特斯拉方案，也将逐步取消激光雷达甚至高精地图，完全和特斯拉同台竞技。而华为、理想等车企仍然坚持使用激光雷达方案，一方面其车型售价较高，再加上激光雷达整体成本降低，减少了成本压力；另一方面，纯视觉确实在黑夜和雨天等环境，性能会受到影响；还有技术层面，长期的激光雷达和视觉融合技术积累，使得拆离激光雷达全靠纯视觉，对他们的技术开发也是不小的挑战。在当前竞争环境下，能够用功能和体验赢得用户的青睐才是第一目标，于是综合考虑，这两种方案在未来相当长的时间内都会共存。

取消对高精地图的依赖，是自动驾驶的另一个趋势。想要扩展到更多城市和国家的前提就是无图化，在早期实时传感技术限制下，高精地图的存在，让车企更早地把领航辅助驾驶功能落地，把L3的体验交付给客户，在自动驾驶的发展历程中起到了助推剂的作用。但未来的高阶自动驾驶是依靠实时感知能力来完成决策的，地图信息仅提供导航路径，和人类驾驶员驾驶相当，用普通的导航信息，结合视觉感知和实时规划能力，即可达到拟人化驾驶的能力。

谈到自动驾驶发展趋势，不得不聊到端到端大模型，它是自动驾驶技术的核心。有别于以往的基于规则的技术研发，AI大模型代表着自动驾驶技术的未来，其核心逻辑是大模型框架再加上海量数据，在大模型和大数据的反复螺旋上升迭代开发后，会带来质的提升，也是自动驾驶超越普通驾驶员，进阶到"老司机"行列的必经之路。复杂的自动驾驶算法和人工智能模型能够实现高度拟人的端到端驾驶决策和控制，是实现L4级自动驾驶的关键。

大模型通常包含复杂的算法和人工智能技术，包括深度学习、强化学习、计算机视觉等。通过在实际驾驶场景中采集数据，进行模型训练和优化，大模型能够不断提升其感知、决策和控制能力。只有屈指可数的企业具备AI大模型的研发能力，它是自动驾驶未来竞争的撒手锏。

在集结以上技术特点后，最终如何把产品Roadmap和技术Roadmap转化成项目 Roadmap，通过车型项目的规模化交付，实现技术和规模的供应，才是自动驾驶技术商业化成功的关键。这里的规模化是指智能汽车的大量交付，代表着市场的厚度，也是大数据得以运转的必要条件。只有实现大规模应用，实现海量数据的闭环，自动驾驶技术才能真正进入良性循环，并发挥其商业价值和社会效益。

而实现规模化的底层逻辑在于软硬件自研，通过软硬互补，用更低的 BOM 成本开发出更优的功能和性能，这是规模化的秘密武器。它解决了成本控制问题，也可以降低自动驾驶系统的成本，提升其市场竞争力和商业化可行性。

各国政府和国际组织将逐步完善自动驾驶相关的法规和标准，确保技术的安全性和合规性，这将为自动驾驶技术的大规模应用创造良好的政策环境。自动驾驶技术的法规标准、技术能力、产业链将更加完善，从传感器制造、核心芯片自研、核心算法大模型自研、大数据系统自闭环运转，到整车集成与测试，各个环节的协同效应将显著提升，从而推动技术的快速商业化。未来的自动驾驶决战将围绕核心技术的突破和商业模式的创新展开，技术领先、商业模式创新和用户体验优化的企业将在竞争中占据优势。通过不断的技术创新和商业模式优化，在不远的将来高阶智能驾驶会像智能手机一样进入每个人的生活，自动驾驶行业也将迎来更加广阔的发展前景和市场机遇。

附录　自动驾驶技术常用缩写词

序号	缩写词	中文名称	英文名称
1	MDC	移动数据中心	Mobile Data Center
2	OTA	空中下载	Over the Air
3	SoC	片上系统	System on Chip
4	GOD	通用障碍物检测模型	General Obstacle Detection Network
5	BEV	鸟瞰图	Bird's Eyes View
6	HNGP	高速领航辅助驾驶	Highway Navigation Guided Pilot
7	CNGP	城市领航辅助驾驶	City Navigation Guided Pilot
8	XNGP	小鹏领航辅助驾驶	Xpeng Navigation Guided Pilot
9	AI	人工智能	Artificial Intelligence
10	AEB	自动紧急制动	Automatic emergency braking
11	ACC	自适应巡航	Adaptive Cruise Control
12	LDA	车道偏离纠正	Lane Departure Assist
13	ALC	自动变道辅助	Auto Lane Change assistant
14	HWA	高速公路辅助驾驶	High Way Assistant
15	TJA	交通拥堵辅助驾驶	Traffic Jam Pilot
16	RCS	雷达散射截面积	Radar Cross Section
17	DWA	动态窗口法	Dynamic Window Approach
18	RRT	快速扩展随机树	Rapidly-exploring Random Tree
19	MPC	模型预测控制	Model Predictive Control
20	ADAS	高级驾驶辅助系统	Advanced Driver Assistance Systems
21	AD	自动驾驶	Autonomous Driving
22	SAE	国际自动机工程师学会	Society of Automotive Engineers
23	AUTOSAR	汽车开放系统架构	Automotive Open System Architecture
24	CNN	卷积神经网络	Convolutional Neural Networks
25	RNN	循环神经网络	Recurrent Neural Network
26	OCC	占用网络、栅格网络	Occupancy Networks

(续)

序号	缩写词	中文名称	英文名称
27	ODD	设计运营域	Operational Design Domain
28	ECU	微控制单元	Microcontroller Unit
29	DSP	数字信号处理器	Digital Signal Processor
30	GPS	全球卫星定位系统	Global Positioning System
31	GNSS	全球导航卫星系统	Global Navigation Satellite System
32	SLAM	即时定位与地图构建	Simultaneous Localization And Mapping
33	RTK	实时差分定位	Real-Time Kinematic
34	HD Map	高精地图	High-Definition Map
35	FCW	前向碰撞警告	Forward Collision Warning
36	LDW	车道偏离警告	Lane Departure Warning
37	LKA	车道保持辅助系统	Lane Keeping Assist
38	APA	自动泊车辅助	Automated Parking Assist
39	AVP	自动代客泊车	Automated Valet Parking
40	BSD	盲区检测系统	Blind Spot Detection
41	AES	自动紧急转向	Automatic Emergency Steering
42	ADS	华为高阶自动驾驶系统	Advanced Driving System
43	FSD	完全自动驾驶	Full Self-Driving
44	PDCA	计划、执行、检查、行动	Plan Do Check Action
45	MC	运动控制	Motion Control
46	RCR	道路认知与推理	Road.Cognition & Reasoning
47	PDP	预测决策规控	Prediction Decision Planning

参考文献

[1] NHTSA.TRAFFIC SAFETY FACTS 2015［R］.Washington，D.C.：NHTSA，2015.

[2] MARCUS G.Deep Learning：A Critical Appraisal［Z］.2018.

[3] Taxonomy and Definitions for Terms Related to On-Road Motor Vehicle Automated Driving System［EB/OL］.（2014-01-14）［2025-03-01］.https：//www.sae.org/standards/content/j3016_201401/.

[4] PAN S J，YANG Q.A Survey on Transfer Learning［J］.IEEE Transactions on Knowledge&Data Engineering，2010，22（10）：1345-1359.

[5] 无人驾驶入门［EB/OL］.（2022-03-22）［2025-03-15］.https：//cn.Udacity.com/.

[6] 周志华.机器学习［M］.北京：清华大学出版社，2016.

[7] 吴迪，陈阳舟，郑怡，等.基于智能网联交通系统的环境感知技术探究［J］.交通与运输，2021，37（S1）：12-15.

[8] 陈萌，李熙莹，刘凯，等.智能驾驶汽车测试与评价方法分析［J］.汽车工程师，2022（05）：12-16.

[9] 徐进.智能汽车环境感知传感器研究进展［J］.汽车零部件，2023（11）：10-13；17.

[10] 陈江，黄朝峰，刘红斌，等.应用于智慧物流服务的无人驾驶车产品设计［J］.包装工程，2021，42（12）：177-183.

[11] 王云鹏，李升波，赵祥模，等.智能汽车环境感知技术［M］.北京：北京理工大学出版社，2023.

[12] 王兆.深度学习原理与实战：深度学习在无人驾驶中的应用［EB/OL］.（2023-12-20）［2025-03-15］.https：//juejin.cn/post/7314362893545734170.

[13] 宫慧琪，牛芳.自动驾驶关键技术与产业发展态势研究［J］.信息通信技术与政策，2018，44（8）：45-50.

[14] PMI Standard Committee.A Guide to The Project Management Body of Knowledge［M］.Philadelphia：PMI，2004.

[15] 戚安邦.项目管理学［M］.天津：南开大学出版社，2003.

[16] 白思俊.现代项目管理［M］.北京：机械工业出版社，2002.

[17] 科兹纳.应用项目管理［M］.徐成彬，王小丽，译.北京：电子工业出版社，2003.

[18] 罗西瑙.成功的项目管理［M］.苏芳，译.北京：清华大学出版社，2004.